타협할 수 없는 복음

G O S P E L

타협할 수 없는 복음

Sola Scriptura
Sola Gratia
Sola Fide
Solus Christus
Soli Deo Gloria

뜨거운 심장으로
다시 '오직'(sola)을 회복하라

박순용 지음

아가페북스

서문

교회 중심부의 오염과 악순환

복음은 기독교의 핵심입니다. 그러므로 복음에 어떤 뒤섞임이나 왜곡이 생기면 그로 인해 기독교회 전체가 부정적인 영향을 받게 됩니다. 하나님의 아들이 세상의 구원자로 이 땅에 오셔서 죽으시고 부활하신 복음 사건 이후로 약 이천 년이 지난 지금까지 기독교는 복음의 변질과 왜곡으로 인해 갖가지 혼란과 여러 문제를 경험해왔습니다. 특히 오늘날 교회에서 흔하게 언급되는 '복음'이라는 말이 과연 성경이 전하는 그 복음인지 의문을 품고 확인해봐야 할 정도로 혼란의 범위와 깊이가 넓어지고 깊어졌습니다.

많은 사람이 '복음'이라는 성경적인 용어가 으레 성경에서 의미하는 바를 가리킬 것이라고 생각하지만, 근래에는 성경이 말하는 바와는 분명히 다른 소위 '번영 복음' '치유의 복음' '도덕주의 복음' 등의 개념이 복음이라는 이름으로 유포되어 널리 수용되었습니다. 이런 개념들은 이제 각기 큰 흐름을 형성하기에 이르렀습니다. 우리는 자신이 수용한 복음의 개념이 성경이 말하는 것과는 다르다는 사실을 깨닫고도, 오랫동안 형성해온 신앙의 오류와 습관을 쉽게 벗어버리지 못하는 사람을 주변에서 어렵지 않게 찾아볼 수 있습니다.

무엇보다 큰 문제는 그런 왜곡된 복음의 영향을 받고 사역자의 길로 들어선 사람들입니다. 그들은 자신이 경험한 바에 기초해 나름대로 신학적인 체계를 발전시키며, 왜곡된 복음을 더욱 정교한 형태로 전파하는 순환구조를 세대를 걸쳐 만들어내고 있습니다.

교회를 섬기는 책임 있는 사역자들을 위한 외침

이 책에 수록된 내용은, 그런 오염된 현실 속에서 성장하고 사역자가 되어 교회를 섬기며 현장에서 문제의식을 갖게 된 사람들, 심지어 자신 안에서부터 왜곡된 복음의 영향을 감지한 사역자들의 고민과 갈등에 부응해, 지난 수년간 '참된 교회를 추구하는 목회자들의 모임'(이하 참교추) 콘퍼런스에서 다룬 내용입니다.

매년 참교추 콘퍼런스의 주제는 참교추 회원 목회자들이 제안하고 요청한 것을 반영해 정했는데, 각 주제마다 먼저는 복음과 관련해 왜곡된 교회의 현실 문제를 진단하고, 그에 대한 성경적인 대안과 교회가 적극적으로 지향해야 할 바를 살펴보고 제시하는 방식으로 진행되었습니다.

먼저 '타협할 수 없는 복음'은 복음의 타협할 수 없는 본질적 특성이 있음에도, 현실의 어떤 필요에 따라 복음을 변질시켜 가르치는 사역자들과, 그들에게서 그릇된 것을 배워 그대로 진리에서 벗어난 길을 가는 교회의 현실에 대해 다루었습니다. 둘째로 복음은 분명 가려질 수 없는 것임에도 그 영광과 부요함을 알고 소유하여 사는 삶의 부재에 대해 살펴본 후, 그에 대한 대답으로 감출 수 없어 결국 드러나게 될 복음의 영광과 부요함이 무엇이며, 왜 우리가 그것을 소유해 살아낼 뿐 아니라 전하는 사명을 감당해야 하는지에 대해 나누었습니다. 셋째로는 오늘날 교회에서 흔히 볼 수 있는 현상인 '능력 추구'가 복음을 헛되게 하는 것임에도, 오히려 그것을 복음으로 전하는 교회의 현실을 역사적 배경에서 추적해 밝히고, 그에 대한 대답으로 복음 고유의 능력을 알고 소유해 전하라는 성경의 강조점에 대해 살펴보았습니다. 그리고 마지막으로 오늘날 교회와 신자 개인의 현실을 우리가 얼마나 실제적으로 인식하고 있으며, 그에 따른 교회의 부흥과 개혁을 얼마나 원하고 있는지를 도전하며, 진정한 교회의 개혁이란 무엇을 어떻게 해야 하는 것인지 다루었습니다.

이상의 내용은 단순히 학술적인 토론과 그로 인한 식견의 확장을 위한 것이 아닙니다. 또 교회 현실 비판의 근거를 제공해, 말하기 좋아하는 자들이 상대적으로 자신은 더 옳은 것처럼 교만하고 기만적인 자아도취에 빠지게 하려는 의도가 있는 것도 아닙니다.

이것은 그저 우리의 영적 현실에서 지켜내야 할 기독교의 핵심인 복음의 가치를 조명하고, 그 변질과 왜곡에서 벗어나기를 갈망하는 추구요 절규입니다. 무엇보다 교회의 참된 개혁을 위한 사역자들의 구체적인 실천을 소망하며 전한 외침입니다. 주님께서 그런 마음의 소원과 갈망을 담은 이 책을 사용하여 비록 소수라도 이 땅에 다시 교회를 소생시키시고, 하나님의 뜻을 위해 헌신하는 종들을 일으켜 주시기를 기도합니다.

CONTENTS

"풀은 마르고 꽃은 시드나
우리 하나님의 말씀은 영원히 서리라 하라"

_ 이사야 40장 8절

뜨거운 심장으로
다시 '오직'(sola)을 회복하라

Sola Scriptura
Sola Gratia
Sola Fide
Solus Christus
Soli Deo Gloria

Part 1
타협할 수 없는 복음

GOSPEL

1. 타협된 복음이 뒤덮은 현실

"그러므로 우리가 이 직분을 받아 긍휼하심을 입은 대로 낙심하지 아니하고
이에 숨은 부끄러움의 일을 버리고 속임으로 행하지 아니하며
하나님의 말씀을 혼잡하게 하지 아니하고"

_고후 4:1-2상

참된 복음을 회복하기 위하여

기독교 내의 모든 이탈과 왜곡, 그리고 그 궁극인 배교는 복음의 변질에서 비롯된다고 해도 과언이 아닙니다. 오늘날 우리가 보고 있는 영적 현실 역시 복음 변질의 역사에서 시작된 것이며, 지금까지도 이 복음의 변질은 점점 그 정도를 더해가고 있습니다.

이러한 교회 현실을 안타까워하며 최근 한국 교회 안에서는 젊은 사역자들을 중심으로 나름대로 바른 신학을 추구하려는 움직임이 일어나고 있습니다. 특히 개혁주의를 열망하며 그 사상을 함께 공부하는 모임이 많아졌습니다. 이러한 분위기는 그간 올바른 신학에 대해 무지했다는 공통적인 인식에서 형성된 것으로 보입니다. 이렇게 앞서 진리를 추구한 믿음의 사람들을 공부하고 그들의 사상을 재발견하려는 노력은 상당히 고무적입니다.

하지만 이렇게 바른 진리를 알아가는 것 못지않게 중요한 문제가 있습니다. 그것은 바른 지식에 따라 행하는 일입니다. 안타깝게도 많은 목회자가 신학교에서 바른 것을 배우더라도 배운 바 올바른 지식을 목회 현장에서는 제대로 반영하지 못하고 있습니다. 그래서 목양의 열매와도 같은 신자들의 삶은 여전히 진리와 동떨어져 있습니다.

그러므로 우리에게 가장 절실한 것은 바른 진리를 어떻게 실천할지에 대한 고민입니다. 오늘날과 같은 어두운 영적 현실에서도 살아계신 하나님께서 여전히 우리에게 말씀하신다는 것을 기억하며, 하나님이 원하시는 바를 따르기 위한 씨름이 우리에게 절실합니다.

결코 가볍게 여길 수 없는
복음의 변질

오늘날 교회가 처한 영적 현실을 긍정적으로 보는 사람은 거의 찾아보기 힘듭니다. 사역자부터 일반 성도, 심지어 믿지 않는 사람들까지 교회를 걱정할 정도입니다. 하지만 정작 무엇이 문제냐고 되물었을 때, 현실에 대한 인식이 피상적이다 보니 외적으로 드러난 현상을 따라 말하는 것이 고작입니다.

우리는 먼저 오늘의 현실을 만든 구체적이고 근원적인 이유를 깊이 생각해보고, 이런 현실에 대한 좀 더 분명하고 큰 각성과 하나님이 원하시는 것에 대한 진실한 부담과 열망 갖기를 구해야 합니다.

우리에게 닥친 영적 상황을 막연하게만 인식하면 주어질 내일에 대한 선명한 소망을 품는 것도 어려워집니다. 그저 시대의 흐름에 따라 오늘의 현실을 보고 내일도 무기력하게 맞게 됩니다.

오늘날과 같은 세계 교회와 한국 교회의 영적 현실은 결코 갑작스럽게 형성된 것이 아닙니다. 이는 오랜 시간 진행된 변화의 과정에서 나타난 결과입니다. 따라서 우리는 드러난 현상뿐 아니라 그 역사적 배경 역시 반드시 살펴봐야 합니다. 물론 여기에는 매우 복합적인 요소들이 한데 뒤엉켜 있습니다. 그럼에도 이런 고찰은 현재의 문제에 대한 근본 원인을 파악하는 데 큰 유익이 될 것입니다. 더 나아가 원인에 대한 바른 진단을 통해 우리가 경험하는 부정적인 현실에 더욱 효과적으로 대처할 수 있을 것입니다.

그러면 오늘날 교회의 안타까운 현실의 원인은 무엇일까요? 가장 중요한 원인은 기독교의 핵심인 복음의 변질입니다. 저마다 다양한 가르침이 복음이라는 이름으로 포장되어, 이제는 무엇이 참된 성경적 복음인지 분간하기조차 어려운 지경입니다. 몇몇 사람이 자신의 책에서 '치유의 복음' '부와 번성의 복음' '탐욕주의 복음' '도덕주의 복음' '행동주의 복음' '신비주의 복음' '바벨탑에 갇힌 복음' '그리스도 없는 복음' '일그러진 복음' 등으로 복음의 변질을 고발하고 있지만 현실은 크게 나아지지 않고 있습니다. 어려서부터 배운 거짓된 복음을 사역자가 되어 자연스럽게 가르치는 일이 교회에서 흔하게 나타나고 있습니다.

전혀 성경적이지 않은 이질적인 가르침이 교회에 처음 들어올 때는 사람들이 놀라며 문제를 제기하지만, 이내 그것은 그들 가운데 수용되어 퍼지고 맙니다. 오늘날 우리가 거짓 복음을 수없이 접하면서 취하는 태도가 이와 같습니다. 그러나 변질된 복음의 유포는 매우 심각한 문제입니다. 이는 기독교회의 근본과 중심을 변질시키는데, 그런 실상은 기독교회의 중심이 뒤틀려 있음을 보여줍니다.

복음은 하나님께서 세상을 구원하기 위해 허락하신 것입니다. 이 복음은 교회를 교회 되게, 기독교를 기독교 되게 합니다. 한 사람의 영혼을 살리기도 하지만, 동시에 세상을 심판하기도 하는 그야말로 기독교의 핵심입니다. 이처럼 중요한 복음이 왜곡되고 변질되었다는 것은 실로 중대한 문제입니다. 이는 우리가 처한 부정적인 영적 현실을 보여주는 단면인 동시에 그 근본 원인이 되기도 합니다.

수많은 교회가 열방을 향해 나아간다고 외치면서, 정작 가장 중요한 무기인 복음을 소홀히 한다니 얼마나 이상한 일입니까? 멸망으로 치닫는 세상을 구원할 복음이 변질되는 것을 방조하고 조장한 교회는, 결국 세상에 대해 무기력한 존재가 되고 맙니다. 변질된 복음을 전하는 교회에서 세상은 어떠한 구원의 빛과 소망도 발견하지 못할 것입니다. 오늘날 교회 밖의 사람들이 교회를 우습게 여기는 것도 이런 이유 때문입니다.

이런 교회 현실에 대하여 어떤 사람들은 나름 예리하게 비판하면서 폐쇄적인 태도를 취합니다. 어두운 현실에 대한 비난을 쏟아내며 자신을 현실에서 분리시키고, 자신만이 옳다고 여기는 배타적 분파를 형성하기까지 합니다. 하지만 그러한 모습은 진정으로 복음을 위하는 것이 아닙니다. 복음은 세상으로 향해야 합니다. 교회는 이 복음을 먼저 소유한 존재로서 자신이 속한 시대를 섬겨야 하는 사명을 가지고 있습니다.

그러므로 우리는 이 시대 교회의 영적 현실을 분별해 성경이 말하는 올바른 길을 함께 걸어가야 합니다. 이를 위해 무엇보다도 성경을 따라 복음을 분명히 규정하는 일이 필요합니다. 그래서 비단 우리뿐 아니라 갈 길을 몰라 헤매는 이들 역시 올바르고 온전한 길을 걸을 수 있도록 해야 합니다.

변질된 복음에 대한 무감각

우리 주변에서 벌어지는 기이한 현상에 대해 진지하게 생각하는 사람이 분명 있겠지만 다수의 사람은 무감각합니다. 이를 두고 청교도 윌리엄 세커(William Secker)는 "종교(여기에서는 기독교)의 무감각은 종교에서 벗어나는 배도의 첫걸음"[1]이라고 말했습니다. 성경 역시 종교적 무감각과 분별없음에 대한 분명한 심판을 경고합니다. 거짓 선지자뿐 아니라 분별없이 그들을 따르는 자 역시 동일하게 심판받는다는 것입니다(겔 14:10). 그러므로 자신에게 익숙한 가르침을 전부로 여기며, 정작 성경이 말하는 복음에 주목하지 않는 것은 매우 위험한 태도입니다. 우리가 아는 바가 온전한 복음인지 성경에 비추어보아야 합니다. 특히 개인 구원에만 집착하는 편협한 신앙은 온전한 복음을 아는 자의 신앙이라고 하기 어렵습니다.

키프리아누스(Thascius Caecilius Cyprianus)는 "복음은 부분으로는 설 수 없다. 즉 복음은 부분으로 무너질 것이다"[2]라고 말했습니다. 복음이 온전히 전해지지 않고 어느 한 부분만 강조된다면 반드시 무너진다는 것입니다. 복음은 결코 변질되어서도, 일부분만 부각되어서도 안 됩니다. 이를 허용하면 결국 복음이 복음 되지 못하며, 기독교는 세상의 놀림감으로 전락합니다. 나아가 변질된 복음 때문에 교회는 그리스도인이 아닌 자, 즉 종교인들로 가득 차게 될 것입니다. 그리스도인의 정의를 새롭게 내려야 할 상황에 처하게 된다는 말입니다.

이런 이유 때문에 마틴 로이드 존스 목사도 앞서 북미와 유럽에서 나타나고 있던 복음의 변질을 간파하고, 그리스도인의 존재를 성경이 어떻게 정의하는지에 대해 강조했습니다.[3] 복음은 기독교와 그리스도인의 존재를 규정하는 중심이고, 그것이 흔들리면 그리스도인의 정의도 흔들리기 때문입니다.

그런데 지금 우리는 이 기독교의 생명이요 심장이며, 또 신자 됨의 중심이자 근원인 복음을 돈보다도 못한 것으로 여기고 있습니다. 온갖 모조품을 복음으로 포장해 전파하고 있습니다. 더욱이 교회 안의 수많은 사람이 이런 현실을 그다지 심각하게 여기지 않고 있습니다. 오히려 거짓 복음이 던져주는 잠시의 달콤함에 빠져 성경의 진리를 점점 등한시하고 있습니다. 이런 영적 무기력과 무감각은 결코 신자로서 정상적인 상태가 아니므로 속히 벗어나야 합니다.

그뿐 아니라 현재 심각하게 드러나고 있는 교회의 온갖 부패와 타락 역시 복음의 변질에서 비롯되고 있습니다. 그러므로 지금이라도 성경의 진리에 비추어 버젓이 교회에서 통용되고 있는 거짓된 복음을 분별해 걸러내야 합니다. 이것이 비관적으로만 보이는 우리의 현실에서 가장 먼저 취해야 할 행동입니다.

대중적 지위를 확보한
복음의 모조품

현실과 타협해 나타난 복음의 모조품 중 가장 대표적인 것으로 치유의 복음, 부와 번성의 복음 그리고 도덕주의적 복음을 말할 수 있습니다. 오늘날 많은 목회자가 이런 변질된 복음 중 하나 이상의 가르침에 영향을 받고, 서로 연결된 그것들을 함께 적절히 수용해 마치 성경이 말하는 복음인 양 전하고 있습니다.

이 모조품들은 세상 사람들에게도 매우 매력적입니다. 건강, 돈과 성공, 도덕적인 삶을 바라지 않는 사람은 없기 때문입니다. 실제로 '건강 종교'(fitness religion)라는 신조어가 등장할 정도로 자신의 몸 가꾸는 것을 거의 종교처럼 여기고 있으며, 돈과 성공은 이미 신처럼 추앙받은 지 오래입니다. 또 나름 올바른 종교와 신앙을 추구하는 이들은 도덕적인 삶을 구원의 핵심적인 내용으로 생각하기도 합니다.

그런데 안타깝게도 오늘날의 기독교는 이러한 세상의 가치를 복음과 뒤섞거나, 심지어 아예 그 자체를 복음으로 말하기까지 합니다. 이 세 가지 변질된 복음은 거의 모든 교회에 만연해 있을 정도로 대중적입니다.

참된 복음에 누룩을 퍼뜨린 프리드리히 슐라이어마허

복음의 대표적 모조품인 치유의 복음, 번영의 복음, 도덕주의적 복음을 각각 살펴보기에 앞서 교회사를 고찰함으로써, 이 변질된 복음이 대중화된 배경을 짚어볼 필요가 있습니다. 사실 이 모조품들이 기독교 전반에 만연하게 된 것은 그리 오래된 일이 아닙니다. 우리는 그 기원을 18세기 계몽주의의 배경에서 태동한 프리드리히 슐라이어마허(Friedrich Schleiermacher)의 사상에서 찾을 수 있습니다.

슐라이어마허는 당시의 정통 기독교에 대해 매우 회의적이었습니다. 그래서 성경이 말하는 예수 그리스도를 그대로 믿을 수 없다는 새로운 종교론을 주장했습니다. 성경과 전혀 동떨어진 슐라이어마허의 종교론은 놀랍게도 당대 교계에 큰 반향을 불러일으켰습니다. 이는 계몽주의와 합리주의에 대한 반발로 낭만주의가 힘을 얻게 된 당시의 상황과도 연관되어 있었습니다. 이안 머레이(Iain Murray)의 지적대로 슐라이어마허의 종교론은 낭만주의와 여러 철학자의 범신론을 차용했는데, 그것이 낭만주의의 유행과 더불어 예상외의 파급력을 갖게 된 것입니다.

슐라이어마허 사상의 요지는, 종교는 느낌과 직관 혹은 경험의 문제에 달려있다는 것입니다. 이처럼 교리를 배제하는 그의 주장은 기독교 복음을 변질시켜 확산하는 데 크게 기여했습니다. 특히 그가 크게 영향을 받은 낭만주의에서 직관적 개인주의(또는 감정주의)가 제기되는데, 이는 훗날 뉴에이지의 원조가 되는 신지학(神智學)의 체험과 깊이 연결되어 있습니다. 또 오늘날 기독교 내의 온갖 신비주의적 체험이 이 신지학과 깊은 관련이 있습니다.

그뿐 아니라 슐라이어마허는 이른바 '신정통주의'를 태동시켰습니다. 이를 통해 '신사고'(혹은 신사상, New Thought)에 기반을 둔 '믿음 운동'과 '번영 신학'까지 기독교로 수용할 수 있는 사상적 토대를 마련했습니다. 또 교리를 경시할 뿐 아니라 교리와 삶을 분리하는 그의 사상은 신학적 자유주의를 태동시키기에 이릅니다. 그래서 현대 기독교에 도덕적 자유주의, 신자유주의, 이머징 처치(emerging church) 등이 발생하는 길을 열었습니다.

최근 교회에서 유행하는 실용주의도 슐라이어마허의 사상과 관련되어 있습니다. 한마디로 오늘날 기독교에 부정적인 영향을 끼치고 있는 모든 요소의 배경에 슐라이어마허가 있다고 해도 과언이 아닙니다.

이처럼 인간 중심의 추구와 체험은 기독교 신앙을 매우 주관적이고 개인주의적으로 변모시켰고, 복음이 온갖 다양한 모습으로 변질될 수 있는 단초를 제공했습니다. 이제는 상대적으로 소수의 교회만 성경이 말하는 순전한 복음을 힘겹게 전하고 있습니다. 교회의 많은 사람이 현실과 타협하지 않은 복음을 시대에 부합하지 않는 어리석고 비효율적인 가르침으로 치부합니다. 성경에 충실했던 신앙의 선배들이 남긴 소중한 믿음의 유산을 케케묵고 어두운 과거의 유물로 여기게 된 것입니다.

이렇게 자기중심적으로 하나님의 계시의 말씀을 판단하고 이용하는 것이 과연 기독교의 참 모습일까요? 인간이 자신의 입맛에 맞게 변질시킨 복음을 여전히 복음이라고 부를 수 있을까요? 참된 신자라면 결코 그렇게 생각할 수 없을 것입니다.

거짓된 치유의 복음

하나님께서 죄인 된 우리를 위해 독생자 예수 그리스도를 보내셨다는 구원의 기쁜 소식이, 이제 교회 안의 사람들에게 큰 기쁨이 되지 못하는 것처럼 보입니다. 그토록 놀라운 십자가의 구원이 이제는 닳고 닳은 뻔한 이야기, 별다른 매력도 현실성도 없는 옛날이야기 취급을 받고 있습니다. 그리고 도리어 개인의 행복을 비롯해 몸과 마음의 치유가 순전한 복음의 자리를 대신하고 있습니다. 사람들은 자신의 지친 심신을 달래주는 달콤한 말을 오래된 복음보다 훨씬 매력 있고 현실적인 것으로 받아들이며 교회의 중심에 두려 합니다.

이런 치유의 복음은 심리학적 접근이나 신비주의 체험 등 성경과 전혀 상관없는 방법을 제약 없이 사용합니다. 전에 가톨릭교회에서나 볼 수 있었던 '피정'이나 '관상'을 이제 개신교회에서도 심심치 않게 행하는 것은, 그것이 내면의 치유에 도움이 된다고 생각하기 때문입니다. 성경이 무엇을 말하는지가 아니라 치유 자체가 교인들의 관심과 기준이 된 것입니다.

이처럼 몸과 마음의 치유를 복음으로 둔갑시켜 기독교 신앙의 중심으로 끌어들인 사람으로는 19세기 영국의 어빙파(Irvingism), 독일의 블룸하르트(Christoph F. Blumhardt) 부부, 미국의 고든(A. J. Gorden) 등을 들 수 있습니다. 하지만 실질적으로 치유의 복음을 보편화시킨 것은 20세기의 오순절주의자들과 그 뒤를 이은 은사주의자들입니다.

1950년대 들어 미국의 여러 복음주의 교회가 심리학을 수용하면서 이러한 흐름은 더욱 가속화되었습니다. 특히 풀러신학교가 세운 심리학 신학대학원은 치유를 복음으로 둔갑시킬 수 있는 정당한 장이 되었습니다. 현재 기독교에서 치유의 복음이 확고한 위치를 갖게 된 것은 이러한 일련의 과정을 거치며 일어난 일입니다.

물론 성경은 하나님께서 자신의 백성에게 행하신 치유의 역사를 증언합니다. 치유의 복음을 전하는 자들 역시 이를 근거로 대담하게 치유를 선포합니다. 하지만 문제는 기독교의 존재 목적을 그저 인간의 몸과 마음을 고치는 것 정도로만 생각한다는 점입니다. 또 한 번이라도 기적적인 치유를 경험한 사람은 자신의 경험을 성경 이상으로 굳게 신뢰한다는 것 역시 큰 문제입니다.

더 나아가 치유 복음을 따르는 사람들은 교회가 인간의 치유를 강조하는 것은 전혀 이상한 일이 아니라고 생각합니다. 오히려 건강하지 못한 상태는 하나님의 뜻에 반하는 것이며, 하나님의 뜻이 사탄의 방해를 받을 때 인간은 건강을 잃게 된다고 가르칩니다. 심지어 병 고침을 받지 못하는 것 역시 믿음의 부족에서 비롯된 것으로 말합니다.

제리 세이빌(Jerry Savelle)은 치유 복음의 교리를 다음과 같이 요약합니다.

> 치유는 하나님의 뜻일 뿐 아니라 모든 사람을 치유하는 것이 하나님의 뜻이다. 고통과 질병의 창조자는 사탄이다. 하나님은 말씀의 권능으로 우리의 치유를 예비해 놓으셨다. 손톱의 염증에서 결핵에 이르기까지 그것이 무엇이든, 누군가가 어떤 고통이나 질병, 통증으로 아파하는 것은 하나님의 뜻이 아니다.[4]

참된 복음과 이질적인 치유의 복음

성경이 몸과 마음의 건강을 참된 그리스도인의 특징으로 말하지 않는다는 점에서 세이빌의 주장은 전혀 성경적이지 않습니다. 성경이 제시하는 복음의 목적은 육신과 정신의 건강 회복이 아닙니다. 또 죄와 악이 없고 그에 따른 질병과 고통이 없는 세상은 그리스도께서 다시 오신 후에 성취되는 것이지 지금 이 땅에서 이루어지는 것도 아닙니다.

그리스도인이라 해도 온갖 시련을 겪으며 몸과 마음에 수많은 상처를 입습니다. 심지어 어떤 이들은 바울처럼 육체의 가시를 죽을 때까지 지니고 살기도 합니다. 혹자는 이런 현실을 보면서 '왜 하나님께서 이렇게까지 하십니까?'라고 반문할지 모릅니다. 하지만 성경은 우리의 현실에 대한 하나님의 주권 가운데 있는 은밀한 뜻을 우리가 다 알 수 없다고 분명히 진술합니다.

그렇다면 기독교가 복음으로 말하는 것은 무엇일까요? 그것은 바로 인간의 영원한 골칫거리이며 도저히 해결할 수 없는 문제인 죄의 해결입니다(고전 15:3-5). 즉 이 끔찍한 죄로 인해 받아야 하는 모든 저주와 형벌을 하나님께서 자신의 아들 예수 그리스도를 통해 해결하셨다는 놀라운 구원의 소식입니다. 실로 신자는 모두 예수 그리스도 안에서 이 영원한 구원을 선물로 받습니다.

복음은 이 땅의 한시적인 문제를 해결하는 데 초점을 두지 않습니다. 오히려 그리스도의 대속적인 죽음을 믿는 자에게 세상이 줄 수 없는 참되고 영원한 평안과 안식을 선포합니다. 이러한 점에서 그저 현세에서 병을 치유받고 마음에 위안을 얻는 것만을 목적으로 삼는 치유의 복음은 실제로 성경이 말하는 바와 일치하지 않습니다. 이 거짓 복음을 따르는 교회와 신자는 결국 배도에 빠지게 될 것입니다.

그럼에도 치유의 복음은 교회에서 그 영향력을 더욱 넓혀가고 있습니다. 많은 교회가 '최면' 같은 반기독교적인 요소까지 무분별하게 도입하는 것도 이런 배경에서 생기는 일입니다. 그야말로 기괴하고 요상한 일이 하나님의 역사로 둔갑하고 있습니다. 교회에서 뉴에이지와 불교의 선사상, 범신론이 뒤섞인 심리치료를 행하고, 온갖 잡다한 사상적 배경을 가진 긍정적인 사고방식이 '긍정의 힘'이라는 이름으로 버젓이 교회에 들어와 개인의 행복과 내면의 안정, 치유를 주장하고 있습니다. 개탄스럽게도 하나님의 이름으로 모인 교회에서, 병이 낫기만 하면 성경에서 완전히 벗어난 방법까지도 서슴없이 자행하는 기괴한 현상이 벌어지고 있는 것입니다.

성령의 역사는 신자를 최면에 걸리게 하거나 정신이 몽롱한 상태로 만들지 않습니다. 또 우리의 생각이나 감정 등을 절제시키고 조절하는 수준에 그치는 것도 아닙니다. 도리어 진정한 성령의 역사는 신자에게 더욱 선명한 이성과 지혜를 갖게 하고 감정과 의지를 일깨움으로써, 전인격적으로 하나님의 말씀에 반응하게 합니다. 우리는 이 사실을 유념해 인간이 지어낸 치유의 약속은 결코 복음이 될 수 없다는 것을 뼈저리게 인식해야 합니다. 또 마치 전염병처럼 퍼지고 있는 이 치유의 복음이 순전한 복음을 희석해 기독교의 본질과 생명을 크게 훼손하고 있음을 분명히 깨달아야 합니다.

번영 복음의 실체

기복 신앙으로 대변되는 번영 복음은 오늘날 교회 안팎에서 가장 인기 있는 모조 복음입니다. 교회생활을 오래 한 사람이면 대부분 '예수를 믿으면 만사형통하고 잘살게 된다'는 말을 어디서든 들어봤을 것입니다. 여전히 많은 사람이 이 달콤한 말을 듣기 위해 교회에 나옵니다. 자기가 잘되는 것을 싫어하는 사람은 없기 때문입니다.

나는 안식월이면 여러 교회를 찾아가 예배드립니다. 그때 방문했던 한 교회에서 예배를 인도하던 목사님의 기도가 매우 인상적이었습니다. 그분은 길지 않은 기도 중에 '축복'이라는 단어를 거의 모든 문장에 사용했습니다. 이처럼 많은 목회자가 성도들의 환심을 사거나 교회 밖의 사람을 끌어들이기 위해 축복의 백지수표를 강단에서 남발하고 있습니다.

세속적 성공이 복음의 자리를 차지할 때 많은 문제가 발생함에도 교회의 많은 사람이 축복을 빙자한 거짓 복음에 뜨겁게 반응합니다. 우리는 이 기이한 현상을 이해하기 위해 번영 복음의 역사와 내용을 고찰해볼 필요가 있습니다.

번영 복음의 역사는 생각보다 오래되지 않았습니다. 다만 최근에 이 가르침이 '믿음 운동'(faith movement)으로 확장되어 그 논리 체계가 제법 정교해졌습니다.[5] 믿음 운동을 주도한 대표적인 인물은 오럴 로버츠(Oral Roberts), 케네스 헤긴(Kenneth E. Hagin), 코플랜드 부부(Kenneth and Gloria Copeland), 로버트 슐러(Robert Schuller) 등입니다. 그중 헤긴과 슐러는 지금도 한국 교계에서 인기가 많습니다. 그 뒤를 이어 베니 힌(Benny Hinn), 조이스 마이어(Joyce Meyer), 폴 앤 잰 크라우치(Paul and Jan Crouch) 같은 사람도 번영 복음의 대표주자로 꼽을 수 있고, 우리나라의 조용기 목사 또한 여기에 속한 것으로 평가됩니다.

이 믿음 운동에 깊이 영향을 끼친 사상은 '영적 기술학'(Spiritual

Technology)입니다. '영적 기술론'이라도 하는 이 사상은 과학과 주술의 혼합을 시도하는 뉴에이지 사상과도 연관되어 있습니다. 영적 기술학의 핵심 논리는 '정신이 물질을 지배한다'는 것입니다. 마치 과학 법칙이 자연을 지배하는 것처럼, 특정한 영적 법칙이 인간의 행복과 불행을 좌우한다는 것입니다. 마이클 호튼(Michael Horton)은 오순절 진영에서 줄곧 제기되는 이러한 주장이 뉴에이지 사상과 쉽게 구별되지 않을 때가 많다고 지적했습니다.[6]

영적세계를 통해 물질세계를 통제하려는 시도는 초월주의자들이 흔히 사용하는 영적 기술입니다. 초월주의자들은 자신의 실체를 스스로 창조할 수 있다고 생각합니다. 피니어스 큄비(Phineas P. Quimby)는 이들의 영향을 받아 '신사고'를 창시했습니다. '크리스천 사이언스'(Christian Science)나 '릴리저스 사이언스'(Religious Science) 같은 심령과학 종교와 종교과학 교회의 분파인 '유니티파'(Unity School)도 그 기원을 초월주의에서 찾을 수 있습니다.

큄비의 신사고 철학은 오늘날의 번영 신학과 깊은 연관성이 있습니다. 특히 '믿음 운동의 아버지'라고 불리는 E. W. 케니언(Essek William Kenyon)은 신사고 철학에 깊은 감명을 받은 사람 중 하나입니다. 그는 1890년대에 신사고 철학을 도입해 믿음 운동을 벌이던 사람들에게 크게 영향을 끼쳤습니다. 그의 가르침을 받은 사람들은 이후 번영 신학을 더욱 체계화해 오늘날에 이르게 했습니다.

데니스 홀링거(Dennis P. Hollinger)와 마이클 호튼은 이러한 신사고와 번영 신학 사이에 매우 긴밀한 연관성이 있다고 지적했습니다.

특히 호튼은 "19세기 형이상학적 신지학적 사교집단과 현재 오순절 운동 사이에는 직접적인 연결이 있는 것이 분명하다"[7]고 말하기도 했습니다. 그렇다면 번영 신학은 그 근원부터 켐비의 신사고와 매우 깊은 연관성이 있다고 볼 수 있습니다.

허황된 번영 복음

초기 오순절 운동의 강조점은 주로 치유에 맞춰져 있었고, 부와 번영은 좀 더 부차적으로 다뤄졌습니다. 1950년대에 오순절 운동이 은사주의 운동으로 전환되면서, 건강과 치유와 더불어 부와 번영 또한 케네스 헤긴을 비롯한 믿음 운동의 교사들에 의해 부각되기 시작했습니다. 이를 주도한 무리 중에 바로 오럴 로버츠가 있습니다. 그는 1947년에, 요한삼서 1장 2절의 '잘 되는 것'을 물질적인 번영으로 해석해 이를 사역의 기초로 삼아 활동했습니다.

여기서 북미의 목회자가 많이 언급되는 이유는 그들이 주장하는 번영 복음이 여과 없이 한국에 들어왔고, 많은 목회자가 이를 그대로 가르치고 있기 때문입니다. 그야말로 번영 신학의 논리 체계와 사상은 오늘날 한국 교회에 매우 큰 영향력을 행사하고 있습니다.

그 한 실례로 1970년대에 오럴 로버츠가 십일조와 관련해 주장한 '씨앗 믿음'이 있습니다. 이 주장의 핵심은, 구약의 십일조는 하나님께 빚을 지고 있어서 드리는 것인데 신약에서는 축복을 기대하며 드리는 것으로 대체되었으며, 마치 씨앗을 심는 것처럼 축복을 기대하며 물질을 바치면 그 열매로 풍성한 축복을 받는다는 것입니다.

한국에서도 수많은 목회자가 성경을 근거로 로버츠의 이 같은 어긋난 주장을 열심히 가르쳤고, 그 결과 많은 사람이 그런 용어를 쓰면서 그릇된 열심을 품고 신앙생활을 하고 있습니다. 그저 성경을 근거로 삼는다는 이유로 이토록 허황된 거짓 복음을 아무런 경계도 없이 교회에서 수용하고 있습니다. 이처럼 믿음 운동의 가르침은 이미 우리에게 친숙하게 다가와 있습니다.

오럴 로버츠의 뒤를 이은 믿음 운동의 교사들은 번영 복음을 더욱 체계적으로 만들었습니다. 이들의 핵심 주장은 '그리스도인의 참된 헌신과 기도, 믿음의 결과는 언제나 재정적인 번영으로 나타나야 한다'는 것입니다. 여기서 '번영'은 모든 영역에서 성공하며 번창하는 상태로 정의됩니다. 즉 이들이 규정하는 번영은 '영적으로 강하고, 육체적으로 건강하며, 정신적으로 총명한 상태'입니다. 믿음 운동의 교사들은 이런 최상의 상태를 기대할 수 있는 큰 믿음을 가진 사람만이 번영을 누릴 수 있다고 가르칩니다. 그러면서 하나님께서 아브라함과 축복의 언약을 맺으셨고, 그리스도께서 가난을 비롯한 율법의 저주를 처리하셨다는 성경의 말씀을 자기주장의 근거로 인용하곤 합니다.

이들에 따르면 오늘날 성공의 법칙은 보편적이고 우주적인 성격을 지닙니다. 믿음 운동을 대표하는 케네스 헤긴은 이를 다음과 같이 말합니다. "하나님은 확실한 번영의 법칙을 가지고 계신다. 그 법칙에 접촉하기만 하면 그 법칙은 어떤 사람인지와 상관없이 작동할 것이다."[8] 그러면서 번영을 누리지 못하는 이유는 믿음을 발휘해 번영의 법칙을 제대로 사용하지 않았기 때문이라고 설명합니다. 하지만 기독교의 참된 믿음은 이런 기계적인 법칙으로 결코 설명할 수 없습니다.

주의 뜻을 무시하는 긍정의 힘

자신의 바람을 말로 선포하는 일, 긍정적인 말하기 등은 번영 복음에서 매우 중요한 위치를 차지합니다. 하나님의 공급과 약속을 믿음의 말로 선포하면 하나님께서 채워주신다는 것입니다. 이러한 주장의 근거는 마가복음 11장 23절입니다. "내가 진실로 너희에게 이르노니 누구든지 이 산더러 들리어 바다에 던져지라 하며 그 말하는 것이 이루어질 줄 믿고 마음에 의심하지 아니하면 그대로 되리라." 이 말씀처럼 자신이 믿음으로 말하는 바는 반드시 이루어지기 때문에 무엇이든 말로 하나님께 요구하라고 권면합니다.

물론 신자는 하나님을 인격적으로 신뢰하며 일상의 필요를 구할 수 있지만, 번영 신학은 하나님과의 관계를 배제한 채 자신이 원하는 것만 채우는 데 주된 목적을 둔다는 것이 문제입니다. 이런 그릇된 믿음 위에서는 하나님을 그저 자신의 소원을 들어주는 존재로만 인식하게 됩니다. 최근 한국 교회에서도 말의 중요성을 강조하는 분위기가 조성되고 있는데 이 또한 번영 신학이 말하는 바와 무관하지 않습니다. 말이 그 사람의 지위와 복을 좌우한다는 빗나간 가르침은 어느새 교회에 깊이 들어와 있습니다.

믿음 운동의 교사들은 인간이 하나님과 더불어 자신의 미래를 선택할 수 있다고 생각합니다. 그중에서도 헤긴은 자신이 받은 특별한 계시를 다음과 같이 소개합니다. "영에 잠겨 있을 때 … 주 예수님이 친히 내게 나타나셨다. … '받아 적어라.' … '만일 누구든, 어디에 있든 이 네 단계를 받거나 … 실행에 옮기면 나와 하나님 아버지께로부터 원하는 그 무엇이든 항상 받을 것이다' …." 그리고 그 네 가지 원리는 "말하라, 행하라, 받아라, 그리고 말해 주라"라고 말합니다.[9] 헤긴은 이것을 예수님이 직접 말씀하신 믿음의 공식으로 주장하며 체계화했습니다.

코플랜드도 헤긴의 주장과 유사한 세 가지 원리를 제시합니다. 먼저 갖고 싶은 것을 직접 보거나 심상을 만들어 마음속에 그립니다. 그다음 마음속에 그린 것을 성경에 입각해 주장합니다. 마지막으로 이를 믿음의 말로 선포하면 자신이 원하는 바가 현실이 된다고 말합니다. 헤긴처럼 코플랜드도 말의 신적 능력과 권세를 크게 강조하고 있는 것입니다.

흥미로운 점은 번영 신학에서는 '하나님의 뜻이면'이라는 고백을 매우 불신앙적인 표현으로 받아들인다는 것입니다. 이는 그들이 생각하는 믿음과 긍정의 말이 아니기 때문입니다. 하지만 야고보가 장사하는 사람들에게 "… 주의 뜻이면 우리가 살기도 하고 이것이나 저것을 하리라 할 것이거늘"(약 4:15)이라고 말한 바와 같이, 이러한 주장은 성경과 정반대입니다. 아무리 외양을 '믿음'이라는 말로 그럴싸하게 포장해도 번영 신학의 기저에는, 하나님의 주권을 인정하는 참된 믿음 대신 인간의 그릇된 믿음이 자신의 소원을 성취시키는 강한 능력으로 역사한다는 케니언의 신사고 철학이 자리 잡고 있는 것입니다.

맥코넬(D. R. McConnell)은 케니언과 믿음 운동 사이의 연결고리를 다음과 같이 설명했습니다. "형이상학적인 이교와 케니언의 연관성으로 인해 현재의 믿음 운동은 성경적이지도 정통적이지도 않은 교리를 가르치게 되었다. 이교에 뿌리를 두고 있기에 이 운동의 신학적 열매 역시 이교적이다."[10] 그의 지적처럼 믿음 운동은 성경적 근거가 없을 뿐 아니라 오히려 그 뿌리를 이교 사상과 깊이 관련된 신사고 철학에 두고 있습니다.

이런 맥락에서 우리는 번영 신학이 단순히 잘 먹고 잘 사는 얘기를 하고 있다는 순진한 생각을 버려야 합니다. 앞선 지적처럼 이 신학은 이교 사상을 바탕으로 형성되었습니다. 이것이 정녕 심각한 문제입니다. 실상이 이러함에도 많은 목회자가 지금도 번영의 복음을 어떠한 양심의 가책이나 두려움도 없이 담대하게 강단에서 외치고 있습니다. 성경을 사사롭게 해석하고 하나님 운운하면서 이런 일을 벌이고 있는 것입니다. 정말 두려운 일입니다.

번영 복음 같은 거짓 복음에 의해 나타난 긍정적 반응을 성령의 역사로 인식하는 것 역시 큰 문제입니다. 사실 인간은 감동적인 영화나 드라마를 보면서도 얼마든지 그 정도의 감정은 표출합니다. 우리는 자신의 특정한 욕구와 기대가 충족될 때도 눈물을 흘립니다. 그러므로 이러한 차원의 감화와 감동을 성령의 역사로 포장해서는 안 됩니다. 이는 그저 하나님의 축복을 빙자해 자아도취에 빠지는 것에 지나지 않습니다.

한때 베스트셀러였던 『시크릿』(*The Secret*, 살림Biz)이 소개한 '끌어당김의 법칙' 역시 신사고 철학을 기초로 삼고 있습니다. 게리 길리(Gary E. Gilley)는 믿음 운동의 주장이 바로 이 책의 핵심 내용과 맥락을 같이한다고 분석했습니다.[11] '끌어당김의 법칙'은 내가 바라고 좋아하는 것을 생각함으로써 그것을 자신에게 끌어들일 수 있다는 원리입니다. 이 법칙대로라면 우리는 마음만 먹으면 원하는 것을 자신의 소유로 삼을 수 있습니다. 번영 신학이 말하는 바도 이와 크게 다르지 않습니다. 이런 허무맹랑한 가르침을 과연 복음이라고 할 수 있을까요? 사람들이 좋은 반응을 보인다는 이유로 이 거짓 복음을 계속 전해서는 안 됩니다. 그 가르침에 담긴 신학이 얼마나 성경과 동떨어져 있는지, 또 얼마나 이교 사상과 밀접한 관계를 갖고 있는지를 기억하면서 큰 경각심을 가져야 합니다.

4차원 영성의 실체

흥미롭게도 번영 복음에 비판적인 해외 신학자들은 번영 복음과 이교 사상 간의 연결고리를 설명할 때 조용기 목사를 자주 언급합니다. 그중 한 명인 게리 길리는 다음과 같이 말했습니다.

한국에 있는 세계에서 가장 큰 교회의 목사인 조용기는 신비종교의 원리를 끌어와 자신이 명명한 인큐베이션 법칙을 발전시켰다. 이 법칙은 다음과 같이 작용한다. '일단 분명한 목표를 세우고, 그다음에는 성공을 시각화하면서 마음속에 생생하게 그리라. 그렇게 생각 속에 품은 것을 실제에서 구체화한 다음 마지막으로, 선포되는 말의 창조적인 능력을 통해 현실에 말을 하라. 긍정적인 믿음의 고백이 좋은 결과를 가져온다면, 부정적인 고백은 기대에 어긋나는 결과를 낳을 수 있다.' 이렇게 조용기는 '믿음은 우리가 말로 심는 씨'라며 '4차원에는 권능이 있다'고 말한다.[12]

길리의 진술대로라면 조용기 목사의 신학에는 신사고 철학이 자리 잡고 있습니다. 행크 해네그래프(Hank Hanegraaff) 역시 조용기 목사가 '4차원의 능력'이라는 이름 아래 코플랜드가 주장하는 밀교적 교훈 같은 믿음 공식을 교조화하고 있다며, 그의 저작인 『4차원의 영적 세계』(서울말씀사)를 비판했습니다. 마이클 호튼도 이 책을 언급하면서 다음과 같은 조용기 목사의 말을 인용해 문제점을 지적했습니다.

"하나님께서 제 마음에 이렇게 말씀하셨습니다. '아들아 … 4차원은 3차원을 포함하며 3차원을 통제하느니라.' 우리가 그 잠재의식을 이끌어낼 수 있는 유일한 방법은 상상력을 사용하는 것입니다. … 비전과 꿈을 가짐으로써 여러분은 미래를 키우며 그 결과를 얻어낼 수 있습니다"[13]

호튼은 이런 주장이 마치 스티븐 스필버그나 조지 루카스가 감독한 영화에서나 들을 수 있는 말이라고 일축하면서 다음과 같이 논평했습니다. "하이테크 용어와 개념이 뒤틀리고 원시적이며 미신적인 주술종교가 만난 것이다. 이렇게 되어 하나님은 신자의 간구에 매이게 되었다." 이처럼 호튼은 조용기 목사의 신학을 강하게 비판하면서 다시 조 목사의 주장을 인용합니다. "여러분은 여러분의 입으로 예수님의 임재를 만들어낼 수 있습니다. 예수님은 여러분의 입술과 말에 매여 있습니다."[14]

호튼은 한국 교회뿐 아니라 세계 전역에 널리 전파된 4차원의 영성을 뉴에이지의 초월주의와 오순절파가 조화를 모색해 만든 것이라고 말합니다. 이처럼 조용기 목사의 번영 복음은 결국 그 기원이 이교에서 비롯된 것이며, 케네스 헤긴이 말하는 바와 동일한 사상으로 평가되고 있습니다.

타협할 수 없는 예수 그리스도

성경은, 신자가 바라는 것을 꿈꾸고 생각함으로써 원하는 바를 소유하는 것을 복음이라고 말하지 않습니다. 복음의 중심은 '내가 원하는 것'이 아닙니다. 성경은 일관되게 그리스도 안에서 하나님이 우리를 위해 무엇을 이루셨는지 말하고 있습니다. 이 복음의 중심에는 예수 그리스도가 계십니다. 그분이 죄인인 우리를 위해 성취하신 일보다 값진 것은 세상에 없습니다.

그럼에도 교회의 많은 사람이 세상의 값싼 논리를 들여와 참된 복음을 대체합니다. '내가 원하는 것'을 이 허황된 복음의 중심에 두려고 애씁니다. 사람들이 보이는 긍정적 반응을 성령의 역사로 여기며 이런 일을 아무렇지 않게 벌입니다. 하지만 이런 거짓된 가르침을 통해 교회에 많은 사람을 동원하는 것과 참된 복음을 전하는 일은 별개입니다. '예수 믿으면 행복해지고 만사형통하게 된다'는 달콤한 말로 사람들을 유혹해 어떻게든 교회로 끌고 오려는 생각을 하나님께서는 기뻐하지 않으십니다. 오히려 이는 참된 진리를 전하라는 하나님의 명령을 무시하고 한낱 삯꾼이 되어 거짓된 복음, 모조품을 파는 데 앞장서는 일에 불과합니다.

만약 목회자가 성경이 말하는 오래된 복음을 참된 복음, 세상의 어떤 것과도 견줄 수 없는 가장 값진 복음으로 여기지 않고 다른 복음을 전한다면, 그는 사람들을 그 다른 복음으로 속이는 것입니다. 목회자는 값싼 복음에 도취되어 성경이 말하는 복음을 가리지 않도록 경계하며, 오직 그 복음만 순전하게 전해야 합니다.

도덕주의 복음의 태동

오늘날 한국 교회는 이전에 없던 부패와 타락을 경험하고 있습니다. 수많은 비판과 비난이 교회 안팎에서 돌고 있습니다. 젊은 세대를 중심으로 이런 영적 현실에 반감을 갖는 사람도 점점 늘어나고 있습니다. 그 가운데서 스스로 의식이 있다고 생각하는 사람들이 열광하는 복음이 있습니다. 바로 도덕주의 복음입니다. 혹자는 '도덕적인 삶을 복음으로 말하는 것이 무엇이 문제인가?' 하고 반문할지 모릅니다. 하지만 이 거짓 복음은 우리가 생각하는 것보다 훨씬 심각한 문제가 있습니다.

도덕주의적 복음은 자유주의의 아버지로 불리는 슐라이어마허 시대부터 지금까지 그 명맥을 유지해 왔습니다. 슐라이어마허의 영향을 받은 사람들은, 그리스도인의 정체성은 신학보다 삶에 있다며 교리를 소홀히 여기고, 그리스도를 따르는 삶을 강조합니다. 교리를 무시하고 인간의 직관과 경험, 삶을 강조한 슐라이어마허의 영향 때문입니다.

슐라이어마허의 사상은 삶을 강조한 경건주의 운동의 영향을 받기도 했는데, 그럼에도 둘은 결정적인 차이가 있습니다. 경건주의자들은 죽은 정통주의에 대한 반발로 교리를 상대적으로 경시하고 삶을 강조하기는 했으나, 교리와 함께 기독교 신앙을 부정하는 데까지 이르지는 않았습니다. 하지만 슐라이어마허는 달랐습니다. 그는 "하나님 없는 종교가 하나님 있는 종교보다 좋을 수 있으며, 기독교를 유일한 참 종교라고 주장할 근거가 없다"며 기독교 신앙과 교리를 부정했습니다. 즉 경건주의가 상대적으로 교리보다 삶에 초점을 두었다면, 슐라이어마허의 자유주의는 아예 교리를 배제하고 삶만을 말했던 것입니다.

'교리가 아닌 삶'이라는 기조는 슐라이어마허의 뒤를 이어 자유주의 신학을 따르는 사람들에 의해 계속 유지되었습니다. 그들은 신약 성경을 주로 인용해 기독교가 신학이 아닌 삶의 종교라는 자신들의 논리를 뒷받침합니다. 이에 대해 이안 머레이는 이렇게 분석했습니다.[15]

> 주후 1세기의 초대교회는 그리스도를 경험함으로 시작됐고, 그 후 교회는 신앙고백 형식으로 그 경험을 표현하려 했다. 역사 속에서 계속 신앙고백을 이어가면서 교회는 사상적 틀인 신학을 완성했다. 그러나 그것은 원래 예수님의 제자들이 의도한 바가 아니라는 것이 자유주의자들의 주장이다. 그래서 후세대가 규정한 신앙고백에 근거해서는 어떤 교회가 진정한 교회인지 알 수 없다고 말한다. 신앙고백이나 신학이 각 시대의 산물이라고 보기 때문이다. 따라서 그들에게 신학은 신앙의 필수가 아니며, 진리는 신학과 상관없이 경험할 수 있다고 본다. 이처럼 자유주의는 신학 또는 교리를 무시했다.

또 합리주의와 계몽주의가 대세를 이룬 시대적 흐름에서 자유주의 신학이 교회에 침투해 인기를 얻게 된 당시의 현실을 묘사했습니다.

> 19세기 말까지 거의 모든 주류 교단에 자유주의 신학이 침투했고, 일반적으로 인기 있는 설교자가 되고 싶으면 교회가 공식적으로 고백하는 성경적인 신조와는 거리가 먼 설교를 해야 했다.[16]

19세기 말에 접어들면서 자유주의의 기세는 칼 바르트에 의해 한풀 꺾이게 됩니다. 또 두 번의 세계대전을 겪으면서 사람들은 그간 신봉했던 계몽주의를 회의적으로 바라보기 시작했고, 심지어는 허무주의에 빠지기도 했습니다. 이처럼 인간의 이성을 강조하는 계몽주의와 모더니즘이 거센 반발을 받으면서 뒤이어 새로운 사조가 등장했는데, 그것이 바로 포스트모더니즘입니다.

도덕주의의 또 다른 이름,
신자유주의

포스트모던 시대에 접어들면서 사람들은 이전보다 더 영적세계에 관심을 갖기 시작했습니다. 종교에 대한 관심이 한층 높아지면서 많은 사람이 교회로 몰려왔습니다. 하지만 이는 기독교만의 현상은 아니었고, 불교와 힌두교 등 여타의 종교에서도 나타났습니다.

이러한 변화 속에서 케직 사경회 그룹의 성결 운동과 오순절 운동, 은사주의 운동의 영향을 받은 복음주의 진영이 자유주의에 대응하는 기독교의 주류로 부상했습니다. 특히 1960년대와 1970년대를 거쳐 빌리 그레이엄 같은 대중설교자에 의해 많은 사람이 복음주의 교회로 유입되었습니다. 한국에서도 'EXPLO 74' 같은 대형 집회가 열렸으며, 몇몇 교회는 그 후 대형 교회로 성장했습니다. 복음주의는 이런 일련의 과정을 거치며 기독교에서 견고한 입지를 구축하게 되었습니다.

그런데 이처럼 복음주의가 주류를 이룬 기독교계에 한 가지 흥미로운 현상이 발생했습니다. '기독교는 교리가 아닌 삶'이라는 자유주의자들의 외침이 교회 한복판에서 다시 들려오기 시작한 것입니다. 즉 치유와 번영의 복음을 가르치는 교회뿐 아니라 마케팅 목회를 지향하는 교회에서도 이런 현상이 나타났습니다. 마케팅 목회의 선두주자인 릭 워렌 목사 역시 상암경기장에서 열린 집회 도중 종교개혁을 언급하면서, '지금은 교리가 아니라 삶'이라는 구호를 외쳤습니다. 어떻게 옛 자유주의의 외침이 이처럼 복음주의 교회에서 힘을 얻게 되었을까요? 이를 이해하기 위해서는 그 배경에 깔려 있는 역사적인 흐름을 살펴볼 필요가 있습니다.

릭 워렌이 외친 것은 사실 잠시 자취를 감췄던 자유주의가 새로운 옷을 입고 다시 등장한 '신자유주의'의 주장을 따른 것입니다. 오늘날 자유주의 사상을 더욱 열성적으로 대변하는 사람들이 있는데, 바로 브라이언 맥클라렌(Brian McLaren)으로 대표되는 '이머징 처치'(emerging church) 혹은 '이머전트 그룹'(emergent group)입니다. 이들은 '현대판 자유주의자' 혹은 '신자유주의자'로도 규정되는데, 한국에서도 이 그룹을 따르는 교회가 점점 많아지고 있습니다.

이머전트 그룹은 자유주의자들의 전통을 그대로 따르면서, 현대교회가 무엇을 상실했는지에 초점을 맞춥니다. 그들은 지금의 교회가 잃어버린 길을 찾아야 한다고 주장하며, 그 해답을 초대교회의 관습에서 발견하려고 합니다. 즉 교회 초기의 관습과 전통을 답습해 당시의 교회 분위기를 재현하려는 것입니다. 어떤 면은 종교성이 한층 고양된 포스트모던 시대의 특징과도 연관되어 있습니다. 이처럼 이머전트 그룹은 시대의 사조에 편승하는 가운데, 교리가 아닌 삶이라는 자유주의자들의 가르침을 재차 꺼내 들어 자신들의 신조로 삼고 있습니다.

도덕주의 복음이
결정적으로 놓치고 있는 것

이머전트 그룹은 재세례파의 전통을 모범적인 삶의 방식으로 주장하기도 합니다. 근래에 재세례파에 대한 관심이 높아지고 그들의 책이 재차 번역되어 출간되는 현상은, 교계에서 이머전트 그룹의 목소리가 더욱 커진 것과 무관하지 않습니다.

이들의 대표 격인 브라이언 맥클라렌은 이머전트 그룹의 사상을 다음과 같이 요약합니다.

> 우리는 누구의 계보나 의식, 교리, 구조, 용어가 옳은지에 대해서는 별 관심이 없다. 대신 누구의 행동이나 섬김, 전도, 복지, 친절이 효과가 좋은지 아닌지는 대단히 중요시한다.[17]

이는 역사상 교회가 매우 중요하게 여겨오던 문제, 곧 무엇이 옳고 그른지를 판가름하는 진리의 문제를 제쳐두고, 무엇이 지금 시대에 더 효과적이고 실용적인지에 초점을 둔다는 의미입니다. 이들에게는 성경이 말하는 진리보다 시대에 부합한 행동, 지역사회를 섬기는 일과 어려운 사람들의 복지가 훨씬 중요합니다. 이머전트 그룹에 속한 랍 벨(Rob Bell) 역시 "아마도 누가 옳은지에 대한 것보다 더 나은 질문은 '누가 옳게 살고 있는가'일 것이다"[18]라는 말로 교리가 아닌 삶이 중요하다는 것을 설파했습니다.

이머전트 그룹은 '좋은 삶'을 크게 강조하면서, 그 모범이 되는 예수 그리스도를 따라 살아야 한다고 가르칩니다. 외형적으로는 이러한 주장이 복음이 말하는 바와 하등의 차이가 없어 보입니다. 하지만 이들은 예수님의 대속적 죽음 대신 하늘 왕국의 도래를 복음으로 규정하는 소위 반구속주의를 주장해 결정적인 차이를 드러냅니다. 이는 복음의 핵심인 그리스도의 구속을 폄하하는 것입니다. 신자유주의자들에게 복음은 그리스도께서 죄인을 위해 목숨을 버리신 일이 아니라, 당면한 사회적 문제의 해결책입니다. 제자도를 강조하는 이유 역시 이러한 사실에서 기인합니다.

제임스 패커(James Packer)와 게리 패럿(Gary Parrett)은 신자유주의자들이 자신들의 논지를 강화하기 위해 도입한 새로운 개념을 세 가지로 정리해 설명합니다. '왕국의 복음과 구원의 복음 구별하기' '바울의 가르침과 예수님의 가르침 따르기' '노골적인 복음전도를 지양하고 실천으로 복음 전하기'가 그것입니다.[19] 이들은 이렇게 '단지 좋은 소식을 선포하는 데서 그치지 말고 스스로 좋은 소식이 되어야 한다. 삶으로 복음을 전해야 한다'고 가르칩니다. 이는 최근 한국 교회 여기저기서 들려오는 '삶으로 복음을 전하자'라는 외침에 잘 드러나 있습니다. 교회에 대한 반발이 점점 커져가는 현실에서 이런 주장은 정답처럼 보이기도 합니다.

그러나 복음은 삶뿐 아니라 바울처럼 입술로도 증거해야 합니다. 입술의 증거 역시 매우 중요하고, 그 증거의 역사를 통해 1세기부터 지금에 이르렀기 때문입니다. 둘 중 어느 한쪽만을 강조하는 사람은 부정적 현실에 대한 반발로 균형을 잃고 치우친 것에 불과합니다.

우리는 바른 삶만을 강조하는 도덕주의 복음의 영향력과 폐해를 과소평가해서는 안 됩니다. 이는 분명히 자유주의의 전통에 따라 기독교의 정통 교리를 무시하는 가르침입니다. 다만 이 옛 자유주의의 가르침이 본 모습을 감춘 채 이제는 '제자도'라는 현대적 표현으로 자신을 포장하고 있을 뿐입니다.

기독교라 할 수 없는 도덕주의 복음

이처럼 자유주의는 '교리가 아니라 제자도'라고 말하며, 시대에 맞는 모습으로 탈바꿈하고 있습니다. 이에 대해 패커는 "자유주의는 끊임없이 새로운 형태로 변신을 거듭하면서 복음주의자들이 과거의 유산을 버리도록 유혹한다"[20]고 지적합니다. 길리는 "이머전트 운동은 옛 자유주의가 포스트모던 시대에 맞춰 성형수술한 것에 불과하다"[21]며 좀 더 노골적으로 평가합니다.

기독교 복음은, 하나님께서 소망 없는 죄인인 우리를 위해 하신 일을 말합니다. 그래서 기쁜 소식인데, 이머전트 운동을 이끄는 사람들은 그 복음을 뒤로 하고 우리에게 무엇인가를 하라고 말합니다. 즉 '더 노력하라' '리더가 되라' '하나님을 위해 놀라운 일을 하라' '예수님의 뒤를 따라 이것 저것을 하라'고 합니다. 그래서 삶에서 그리스도인의 정체성을 찾으라고 주문합니다. 심각한 부패와 타락으로 얼룩진 교회의 현실에 비추어봤을 때 이 가르침은 매우 설득력 있게 들립니다.

그러나 성경은 그리스도인의 정체성을 그리스도께서 행하신 것, 즉 복음에서 찾으라고 말합니다. 그래서 바울은 고린도전서 1장 30절에서, 그리스도는 우리에게 지혜를 보여주시는 것이 아니라 아예 '우리의 지혜와 의로움과 거룩함과 구원함이 되셨다'고 말합니다.

메이첸(J. G. Machen)은 자유주의와 기독교의 근본적인 차이를 다음과 같이 설명합니다.

> 자유주의는 전적으로 명령법이 우선한다. 그래서 무엇을 하라고 말한다. 반면 기독교는 승리의 분위기를 드러내는 서술법이나 직설법이 먼저다. 자유주의는 인간의 의지에 호소한다. 기독교는 먼저 하나님의 은혜로운 행동을 선언한다. 자유주의는 그리스도를 모범과 길잡이로 간주한다. 그러나 기독교는 그리스도를 구세주로 받아들인다. 자유주의는 그리스도를 신앙의 모범으로 삼는다. 그러나 기독교는 그리스도를 신앙의 대상으로 여긴다.[22]

여기서 메이첸은 자유주의를 기독교의 한 분파나 그룹이 아닌 기독교 전체와 대조하고 있습니다. 즉 자유주의는 사실상 기독교가 아니라는 것입니다.

실상이 이러함에도 오늘날 교회에는 자유주의자들의 외침을 참된 복음으로 여기는 사람이 많습니다. 그들은 교리가 아니라 삶을 추구하는 사람이 현실에 충실하며 성숙하고 올바른 믿음을 가졌다고 생각합니다. 이제 복음은 그리스도의 구속이 아닌 지역사회를 섬기는 것, 깨끗한 부자가 되는 것, 타인에게 친절하며 선을 행하는 것으로 재정의되었습니다. 안타깝게도 이러한 신자유주의의 가르침을 한국 교회의 현실에 대한 명쾌한 해답으로 여기며, 수많은 젊은이들이 신자가 열광적으로 반응하고 있습니다.

죄의 문제를 간과하는
도덕주의 복음의 매력

도덕주의 복음에 따라 사는 삶과 거기서 얻는 위안은 실로 매력적입니다. 그리스도를 모범 삼아 성실하게 따르는 사람은 자신의 행위에서 큰 보람과 충실한 기쁨을 경험합니다. 교회와 다른 사람들을 섬기고 지역사회에도 이모저모로 기여하면서 생기 넘치는 신앙생활을 합니다. 성경이 말하는 참된 기쁨과 평안은 아닐지라도 도덕적인 삶은 이처럼 큰 만족과 위안을 줍니다. 이런 모습은 가톨릭뿐 아니라 인간의 공로와 행위에 근거하는 모든 종교에서 쉽게 찾아볼 수 있습니다.

문제는 그리스도의 구속을 배제한 채 도덕적인 삶을 따르면, 그 배경에 있는 자유주의의 기조에 따라 성경의 교리를 무시하게 된다는 것입니다. 그리고 인간의 가장 중요한 문제인 죄와 심판에 대해 끝내 무감각해집니다. 호튼은 이런 일을 앞장서 행하는 이머징 처치 운동의 대표자인 맥클라렌 같은 사람이, 죄와 심판에 대한 관심을 인간이 극복할 수 있는 행위와 태도, 곧 지구 온난화, 가난, 에이즈, 자본주의적 탐심 같은 사회적 이슈로 바꿔버렸다고 지적합니다.

죄가 아닌 사회 문제 해결을 복음으로 삼으면 매우 편하고 매력적인 신앙이 보장됩니다. 이미 많은 젊은이가 이에 동조해 그런 교회로 몰려들고 있습니다. 세상이 원하는 신앙과 삶으로 사회의 다방면에 기여하는 깨끗한 부자가 되는 것이 이 시대에 부합하는 올바른 믿음이라고 생각하는 것입니다. 언제부터인가 '기독교답다' '교회답다'는 말은 자연스레 이런 도덕주의 복음의 가르침에 따르는 것으로 여겨지게 되었습니다. 특히 부패한 교회 현실에서도 자신은 깨어 있다고 생각하는 젊은 세대를 중심으로 이런 현상이 두드러지게 나타납니다.

물론 성경은 행함이 없는 믿음은 죽은 것이라고 말합니다. 신자는 믿음에 합당한 삶을 사는 것이 마땅합니다. 하지만 그것이 자유주의가 말하는 교리가 없는 삶, 곧 도덕주의 복음의 가르침과 일치하는 것은 아닙니다. 즉 그들이 말하는 것은 성경이 가르치는 바가 아니며, 더 나아가 기독교의 핵심도 아닙니다.

메이첸은 "자유주의가 가지고 있는 복음의 전제와 그 복음이 담겨 있는 성경, 그 복음이 그분의 업적으로 보여주는 인격은 기독교와 완전히 다르다"[23]고 논평함으로 이 사실을 분명히 적시했습니다. 더 나아가 "자유주의는 복음 자체의 설명도 기독교와 전혀 다르고, 구원의 방법에 대해서도 완전히 상이하게 설명한다"[24]며, 기독교의 본질과 자유주의의 가르침이 얼마나 동떨어져 있는지 단호하게 지적합니다.

하나님의 행하심 위에 삶을 세우라

복음은 신자의 삶을 말하기에 앞서 더 중요한 사실을 선포합니다. 바로 '하나님께서 죄인을 위해 어떤 일을 행하셨는가' 하는 것입니다. 메이첸이 언급한 것처럼 서술법과 명령법 중 서술법을 먼저 말하는 것이 기독교입니다. 하나님은 우리에게 말씀을 따라 행하라고 하기 전에, 하나님이 우리를 위해 한 일을 먼저 알려주십니다. 즉 성경을 통해, 하나님의 아들 예수 그리스도께서 이 땅에 육신을 입고 오신 일, 우리 죄를 위해 십자가를 지시고 피를 쏟으심으로 그 대가를 다 치르신 일, 그리고 죄인 된 우리를 그 피로 깨끗게 하셔서 하나님 앞에 의롭다 여김 받게 하신 일을 강력하게 선포하십니다.

죄인들을 위한 하나님의 행위는 실로 완전합니다. 그러므로 우리가 아무리 대단한 일을 하더라도 하나님께서 이루시는 구원에는 어떠한 기여도 할 수 없습니다. 이것이 바로 초대교회 시대부터 지금까지 기독교회가 끊임없이 선포한 복음의 핵심입니다. 다름 아닌 하나님께서 죄인을 구원하기 위해 필요한 모든 일을 직접 행하셨음을 널리 가르치고 선포하는 것이 바로 기독교가 해야 할 일입니다.

신자의 삶도 이러한 차원에서 이해해야 합니다. 단순히 그리스도를 모범으로 삼아 규범적으로 그분을 따르는 것은 큰 의미가 없습니다. 하나님께서 나를 위해 하신 일에 대한 이해와 믿음 없이 외형적으로 그리스도를 따라 사는 것은, 기독교인이 아닌 이교도의 삶에 불과하기 때문입니다. 내가 『기독교, 세상의 함정에 빠지다』(부흥과개혁사)[25]에서 교리와 예배, 삶의 균형을 결론적으로 다룬 것도 이런 이유에서입니다.

길리는 "진리가 없는 곳에는 올바른 삶도 없다"[26]고 말했습니다. 그의 말대로 교리가 없으면 신자는 기독교가 말하는 삶을 살 수 없습니다. 그리스도를 믿어 그분과 연합함 없이 그저 '예수'라는 사람을 모범 삼아 그 정신과 행동을 따라 사는 것은 성경이 말하는 신자의 삶이 아닙니다. 그런 삶은 불신자도 살아낼 수 있으나 단지 그뿐입니다.

성경이 말하는 교리와 신자의 삶은 불가분의 관계입니다. 이를 분리해 삶에만 집중하게 만드는 것은 결코 바람직하지 않습니다. "교리는 삶을 낳고, 삶은 교리를 돋보이게 한다"[27]는 조엘 비키(Joel Beeke)의 말은 신앙생활에서 교리와 삶이 어떤 관계여야 하는지 잘 보여줍니다.

하나님이 그리스도 안에서 행하신 일 위에 자신의 삶을 세우는 사람이 신자입니다. 그것이 기독교 복음이 말하는 바입니다. 부정적인 현실에 대한 반발로 삶만을 운운하는 것은 기독교의 본질에서 이탈하는 것입니다. 견고한 진리 위에 선 신자의 삶을 구하십시오. 우리의 삶은 철저히 하나님께서 행하신 일을 말하는 교리 위에 있어야 합니다. 그것이 우리가 구해야 하는 성경적인 삶입니다.

2. 결코 타협할 수 없는 복음

"오직 진리를 나타냄으로 하나님 앞에서
각 사람의 양심에 대하여 스스로 추천하노라"

_고후 4:2하

좀처럼 분별하기 힘든 영적 현실

오늘날 교회를 지배하고 있는 변질된 복음의 기세는 참으로 막강합니다. 교회의 수많은 사람이 몇 세대에 걸쳐 어려서부터 복음의 모조품이 가르치는 바를 배워 거기에 익숙해지고 있습니다. 이제는 무엇이 참된 복음인지 제대로 판단하기조차 어려워졌습니다. 이런 대세를 거슬러 순전한 복음을 전하는 것은 이전보다 더욱 어려운 일이 되어버렸습니다.

모든 사역자는 영적 분별력을 상실한 오늘날의 교회 현실에 대해 깊은 책임감을 느껴야 합니다. 그리고 모두를 치명적인 위험에 빠뜨리는 복음의 모조품을 분명하게 거부해야 합니다. 그 부분에 대해, 하나님은 사역자 한 사람 한 사람에게 맡기신 직분에 대한 책임을 추궁하실 것입니다. 하나님 앞에서 우리는 '몰라서 그랬습니다'라고 말할 수 없습니다.

교회를 무너뜨리고 신자를 미혹하는 복음의 모조품을 분별하고 거부하기 위해, 우리는 성경에 근거해 교회 안팎에서 일어나는 일을 면밀히 살펴보아야 합니다. 그러면 진리를 무시하고 복음을 무분별하게 타협하는 현실에서, 과연 우리가 해야 할 일이 무엇인지 더 깊이 고민하고 행동하게 될 것입니다.

반대로 이러한 고민 없이 보이는 현실을 방관한다면 진리의 왜곡은 점점 무르익어 결국 성도들을 배교로 이끌어갈 것입니다. 참된 신자가 올바르게 신앙생활하다 갑자기 배교하는 경우는 없습니다. 왜곡된 진리에 점점 빠져들어 그것을 계속 따르고 돌이키지 않다가 끝내 배교로 나아가게 되는 것입니다. 사탄은 지난 역사에서 오랫동안 점진적으로 복음을 왜곡하고 변질시켜 왔습니다. 그것은 바로 세상의 정신을 교회에 끌어들여 진리와 교묘하게 뒤섞는 일입니다.

특히 근대 이후 기독교 역사에서 가장 큰 두 개의 전환점이라 할 수 있는 18세기 계몽주의와 20세기 중반의 포스트모더니즘은 진리의 왜곡을 더욱 부추겼습니다. 둘의 차이점이 있다면, 계몽주의에 의한 진리 왜곡은 정통 기독교와 비교적 확연하게 구분된 반면, 포스트모더니즘의 진리 왜곡은 매우 분별하기 어렵다는 것입니다. 많은 교회가 도덕주의나 자유주의같이 다른 것이 뒤섞인 신학 사조만이 아니라, 뉴에이지처럼 아예 교회 밖에서 유행하는 종교적 개념까지 모두 흡수해 거기에 나름 기독교 색채를 덧입힌 바람에, 무엇이 그리고 어디서부터 잘못되고 왜곡되었는지 파악하기가 어렵게 되었습니다.

하나님의 해법

사탄은 인간에게 가장 매력적인 세 가지를 복음으로 포장해 우리 삶에 교묘하게 침투시켰습니다. 우리는 이렇게 왜곡된 진리에 물든 교회의 현실을 분명하게 인식해야 합니다. 여러 이단의 가르침에 맞서는 것도 분명 중요하지만, 이들 역시 복음의 변질에서 비롯되었음을 기억해야 합니다. 직면하고 있는 현실에 대해 선불리 해법을 찾으려 하기 전에, 우선 현재 상황에 대해 철저하고 처절하게 인식해야 합니다.

항상 뭔가 새로운 것이 해답이라고 착각하는 우리에게 정말 필요한 것은 이미 주어진 하나님의 말씀입니다. 하나님은 우리가 평소에 무시하고 소홀히 했던 그분의 말씀, 너무 익숙한 나머지 따분해하고 권태감마저 느끼던 성경의 진리로 현 시대의 문제를 해결하기 원하십니다. 주님이 오시기 전까지 하나님은 말씀을 통해 이 땅에 성령의 역사를 허락하십니다.

그러므로 우리가 가야 할 길은, 오직 하나님의 말씀 앞에 겸손히 무릎 꿇고 그 말씀을 좇아 올바른 진리를 선포하는 것입니다. 비진리를 분별하고 그에 저항하는 한편, 복음을 더욱 풍성하게 알고 소유해야 합니다. 그리고 그 순전한 복음을 담대히 선포해야 합니다.

하나님은 우리에게 소극적인 태도와 적극적인 태도를 모두 요구하십니다. 여기서 소극적인 태도는 타협된 복음을 분별하고 거기에 저항하는 것을 의미합니다. 바울은 말씀 전하는 직분을 맡은 자는 진리가 아닌 것을 전하는 부끄러운 일을 버려야 한다고 말했습니다. 즉 하나님의 말씀을 혼잡하게 하지 말아야 한다(고후 2:17)는 것입니다.

성경의 진리를 생생하게 배우고 소유하라

오늘날 우리가 겪고 있는 가장 큰 어려움 중 하나는 복음의 변질 여부를 명확하게 분별하기 어렵다는 것입니다. 그래서 현실에 대한 피상적인 이해만으로는 저항을 위해 힘을 모으지 못합니다. 이는 성도뿐 아니라 목회자도 마찬가지입니다.

그런 의미에서 성경의 진리 체계를 담은 교리를 배우는 일은 매우 중요합니다. 실제로 교리 교육은 영적 분별력을 갖추는 데 가장 우선적으로 요구됩니다. 신자 된 우리는 성경 전체를 관통하는 복음과 그 체계를 명확히 알아야 합니다. 단순히 이론적 지식을 얻는 차원이 아니라, 교리 체계의 뼈대 위에 든든히 복음을 세워 자신의 삶에서 생생하게 경험하는 데까지 나아가야 합니다.

아직도 많은 목회자가 성경을 자신의 주장을 뒷받침하기 위한 인용문과 참고자료 정도로 활용합니다. 이로 인해 성도도 자신의 삶에서 성경의 진리를 실제로 경험하기가 어렵습니다. 이처럼 많은 사람이 하나님과 말씀의 권위를 인정하지 않습니다. 그 결과 말씀 가운데 살아서 역사하시는 하나님의 능력 역시 온전히 누리지 못하고 있습니다.

이런 현실에서 벗어나는 길은 성경을 체계적으로 올바르게 아는 것입니다. 그뿐 아니라 이를 매우 생생한 경험적 지식으로 소유해야 합니다. 교리 교육과 더불어 그에 대한 체험적 지식의 습득이 뒤따라야 합니다.

그렇다면 어떻게 성경의 진리 체계를 생생한 지식으로 소유할 수 있을까요? 교리 교육을 말할 때 흔히 벌코프(Louis Berkhof)나 바빙크(Herman Bavinck) 같은 조직신학자들의 저술을 먼저 떠올립니다. 물론 그런 책이 교리를 공부하는 데 효과적이지만, 자칫하면 교과서를 공부하듯 지적인 수준에서, 즉 전인적인 반응 없이 메마른 지식으로만 습득할 수도 있습니다.

우리는 믿음의 선조들이 어떻게 교리를 배웠는지 주목할 필요가 있습니다. 놀랍게도 조나단 에드워즈(Jonathan Edwards)나 그 이전에 살았던 청교도들이 남긴 설교에는 교리가 담겨 있습니다. 당시에는 교리가 그처럼 살아있는 말씀 가운데 성도들에게 전해졌습니다. 옛 선진들에게 교리는 성경이 말하는 참된 지식이자 산 지식이었습니다.

마틴 로이드 존스 목사 역시 설교에 교리를 생생하게 드러낸 대표적인 목회자입니다. 성도들은 그의 설교를 들으면서 자신의 심령을 향하는 하나님의 메시지에 담긴 교리를 보았습니다. 교리를 배우는 데 있어 이러한 방식은 우리에게도 시사하는 바가 큽니다.

최근 상당수의 교인이 교회의 교리반 수업이나 각종 모임을 통해 개혁주의 교리를 공부하고 있습니다. 이는 매우 긍정적인 현상이지만, 책으로 공부한 교리는 죽은 지식이 될 수 있다는 점도 분명히 경계해야 합니다. 교리를 죽은 지식으로 받아들이면 매우 큰 영적 위험에 빠지게 됩니다. 설교를 들으면서도 하나님의 말씀이 주는 감동과 은혜를 누리지 못하며, 자신이 아는 바에 따라 설교 내용을 판단하는 잘못을 범할 수 있기 때문입니다. 죽은 지식을 소유하면 겸손히 하나님의 말씀을 듣지 못하고, 교만한 판단자가 되어 예배를 드리게 됩니다. 그런 심령은 더는 하나님의 말씀을 받아들이지 못합니다. 이를 경계하면서 우리는 교리를 통해 성경을 더욱 깊고 생생하게 이해해야 합니다.

성경의 진리를 풀어낼 때는 교리도 함께 전해야 합니다. 전하고 듣는 자 모두 이러한 말씀을 통해 하나님의 존재와 성품, 그분의 선하신 뜻과 우리에게 허락하신 구원의 비밀을 더욱 선명히 깨달아야 합니다. 하나님의 엄위하심과 거룩하심은 물론, 신자에게 주신 구원을 그저 교리적 단어나 문장의 배열로 이해하는 것이 아니라, 실제 자신의 생활과 연결해 생생하게 체험하고 누려야 한다는 것입니다. 이처럼 신자들에게 성경 교리 체계를 전인적인 반응을 불러일으키는 산 지식으로 전해야 합니다. 그렇지 않으면 과거 개혁파 정통주의 이후 경건주의 운동이 일어났을 때처럼 메마르고 이론적인 교리 교육으로 회귀할 수 있습니다.

이러한 점에서 복음의 부요함을 충실하게 드러낸 책을 통해 은혜를 누리는 것은 매우 중요합니다. 또 복음을 풍성히 알고 전하는 목회자가 많아져, 그들을 통해 성도들이 양육받아야 합니다. 온갖 거짓 복음이 득세하는 오늘날의 교회에서 성경의 진리를 풍성히 알고 체계적으로 가르치는 목회자가 있다면 분명 귀하고 복된 일이며, 그런 목회자의 인도를 받는 성도 역시 형용할 수 없는 큰 복을 받은 것입니다.

따라서 사역자는 복음을 풍성히 알고 가르치는 사람이어야 합니다. 아무리 지금의 영적 현실이 어둡고 가망이 없어 보여도, 성령께서는 진리를 온전히 전하는 사역자를 통해 일하십니다.

영적 분별력을 배양하는 또 다른 방법은 교회사를 연구하는 것입니다. 특히 수많은 신학적 논쟁을 거쳐 정통한 가르침으로 인정받은 여러 신조의 배경과 형성 과정을 공부하는 것은 매우 유익합니다. 보통 교회사라면 사역자에게나 필요한 지식 정도로 생각하지만, 사역자뿐 아니라 일반 성도 역시 교회사와 신조를 이해하기 쉽게 풀어쓴 책을 한 권 이상은 읽을 필요가 있습니다.

무엇보다 교회사를 가장 효과적으로 가르치고 배울 수 있는 방법은, 앞서 소개한 마틴 로이드 존스 목사처럼 설교에서 교회사를 소개하는 것입니다. 성경이 말하는 바가 무엇인지 설교하면서, 한편으로는 교회사적으로 성경의 진리에서 이탈한 가르침이 무엇인지 짚어주는 것은 매우 효과적입니다. 교회사만 따로 가르치면 금방 지루하고, 신학교에서 신학을 공부하는 것처럼 힘들 것입니다. 하지만 본문을 설명하면서 역사 속의 치우친 가르침을 함께 제시하면, 그러한 교회사의 흐름과 현재의 영적 현실이 연결되어 있음을 깨닫게 될 것입니다. 또 들은 말씀을 어떻게 현실에 적용할지 더 심도 있게 생각하게 됩니다. 물론 이를 위해서는 전하는 자가 교회사와 정통 신학, 정통에서 이탈한 사상에 대해 체계적으로 이해해야 합니다.

교회사와 시대별로 등장한 각종 신학에 대해 체계적으로 이해하는 데는 상당한 수고와 시간이 필요합니다. 하지만 설교자가 영적 분별력을 갖기 위해서는 반드시 수행해야 하는 작업입니다. 막막해 보이지만 그 수고는 결국 목회자의 사역에 실제적인 도움을 줄 것입니다.

사실 전도서가 말하는 것처럼, 모든 것은 그저 예전 것이 새 옷을 입고 나온 것에 불과합니다. 마치 신자유주의가 시대에 맞춰 새롭게 단장해 오늘날에는 이머징 처치로 나타나는 것과 같습니다.

분별에 그치지 말고
힘써 저항하라

영적 분별이 결코 끝은 아닙니다. 이보다 더 중요한 것은 그 후에도 왜곡되고 타협된 진리에 저항하는 것입니다. 영적 분별력이 왜곡된 진리에 저항을 일으키는 것은 사실이나, 그 저항을 끝까지 지속시키지는 않습니다. 더구나 이미 대세가 되어버린 변질된 복음을 거스르는 것은 결코 쉬운 일이 아닙니다. 이런 현실에 저항하는 것은 결국 대다수가 따르지 않는 길을 걷겠다는 말과 동일합니다. 이 길을 걷게 되면 교회 성도들이 "목사님, 꼭 이렇게까지 믿어야 합니까?" 하며 원망할지도 모릅니다. 이처럼 왜곡된 복음에 저항하는 일은 외적으로 심한 영적 갈등을, 내적으로는 깊은 외로움을 경험하게 합니다.

사역자가 비진리를 거스르는 일이 훨씬 더 어려운 이유는 사람들이 싫어하는 길을 앞장서서 가야 하기 때문입니다. 게다가 생활고 같은 현실의 압박까지 받으며 정말 죽을 것 같은 어려움에 처할 수도 있습니다. 아마 한 명이 아쉬운 개척교회에서 성경대로 말씀을 전했을 때, 이렇게는 예수 못 믿겠다며 떠나는 사람을 경험해 본 적이 있다면, 이것이 얼마나 힘든 일인지 잘 알 것입니다. 그때 적당히 타협해도 된다고 속삭이는 사탄의 은밀한 유혹 역시 참으로 견디기 힘든 일입니다.

십자가의 복음을 전하는 일은 어느 하나 쉬운 것이 없습니다. 온갖 복음의 모조품에 물든 사람들에게 그리스도의 십자가나 우리의 죄, 하나님의 심판을 선포한다면 아무도 좋아하지 않을 것입니다. 사람들은 자신의 죄를 드러내고, 거룩하신 하나님의 성품과 심판을 말하며, 회개를 촉구하는 말씀을 결코 기뻐하지 않습니다. 자신의 행위나 공로가 아닌 오직 그리스도의 구속만을 의지해야 구원받을 수 있다는 사실에 마음을 열고 눈물 흘리며 회개하는 사람은 좀처럼 찾아보기 힘듭니다. '난 그렇게는 예수 못 믿겠다' '왜 그렇게 무겁고 심각한 얘기만 하는가? 왜 자꾸 죄를 말하는가? 너무 부담스럽다' '더는 이 교회에 오고 싶지 않다' 등의 반응이 오히려 일반적입니다.

그렇다고 하나님의 말씀을 온전히 전하는 일을 포기해서는 안 됩니다. 스스로 배교의 길을 걷지 않을뿐더러 다른 사람에게도 배교를 부추기지 않는 사역자가 되기 위해서는, 왜곡되고 타협된 진리에 계속 저항해야 합니다. 그것이 진실한 사역자의 길이며, 우리가 받은 직분에 합당한 태도입니다.

순전한 진리를 전하는 일에서 가장 큰 어려움과 유혹 중 하나는 하나님이 아닌 사람을 주목하는 것입니다. 주권자 하나님과 교회의 머리이신 그리스도를 높이는 것이 교회의 책무임에도, 지금의 교회는 어떻게든 사람을 높이는 데 혈안이 되어 있습니다. 그리스도께서 앉아 계셔야 하는 보좌에 인간이 대신 앉아 있는 것입니다.

어떤 목회자는 교회에서 마치 인기 스타 같은 대접을 받기도 합니다. 한편 누가 얼마나 헌금했고 무엇을 기증했는지, 아니면 어떤 봉사를 했는지 설교나 광고 시간에 대대적으로 알려 사람들의 종교적 열심을 자극하기도 합니다. 주님을 위한다고 하지만 결국 인간의 행위와 열심을 더해 복음을 변질시키고, 그 가치를 훼손하고 있는 것입니다. 이들이 원하는 것은 바로 그리스도가 없는 기독교입니다. 호튼이 "아무리 좋은 것, 거룩한 것, 적절한 것이라도 그런 것조차 복음과 섞이면 그리스도가 없는 기독교가 되는 것은 시간문제다"[28]라고 말한 것을 기억해야 합니다.

이처럼 온갖 변질된 복음이 난무하더라도 말씀을 맡은 자라면 항상 하나님 편에 서야 합니다. 죽을 것 같은 어려움이 닥치더라도 변질된 복음을 계속 분별하고 저항해야 합니다. 거짓된 복음이 무엇인지 알면서도 그것을 거스르지 않는다면, 결국 복음에 무지한 자와 하등의 차이가 없는 사람으로 남을 것입니다.

옛적 길, 곧 선한 길로 걸어가라

목회자로서 복음이 타협되는 것을 용납하지 않고 싶습니까? 이러한 영적 현실을 거스르고 싶습니까? 그렇다면 먼저 대형 교회를 세우고자 하는 기대를 접으십시오. 수많은 사람이 아무런 마음의 부담 없이 자신이 전한 설교에 호응하며 몰려올 것이라고 기대하지 마십시오. 신학공부를 막 시작하거나 처음으로 교회를 개척하면, 자신의 교회가 급격히 성장하는 모습을 상상할 수도 있습니다. 하지만 그런 장밋빛 미래를 막연히 꿈꾸는 것은 성경의 진리를 온전히 전하는 데 방해만 됩니다. 이런 헛된 상상은 목회자를 크게 망칠 것이므로 반드시 버려야 합니다.

세상과 타협하지 않고 진리를 온전히 세우는 길은 예수님이 걸어가신 길이며, 사도들이 걸어간 길입니다. 그 길에는 수많은 사람의 방해와 반대가 있었습니다. 사람들에게 인기 있는 목회자나 수많은 인파가 운집한 교회를 꿈꾸는 것은 참된 진리를 추구하고 전하는 데 어떤 도움도 되지 않습니다. 예수님이 걸어가신 길을 따라갈 때 우리는 수없이 좌절하고 낙심할 수 있습니다. 대부분의 사람이 이

길을 싫어하기 때문입니다. 어쩌면 우리는 그런 이들을 보면서 가슴 치며 절규하게 될지도 모릅니다.

하지만 우리의 길은 그 절규와 절망 가운데 열립니다. 사람에게 환영과 대접을 받으리라는 기대는 처음부터 접으십시오. 대신 오직 주님께서 우리를 통해 하실 일을 기대하십시오. 우리의 본분은 주님께서 무엇을 기뻐하시고 인정하실지 생각하며 복음이 변질되는 것을 막는 것입니다. 오늘날 수많은 사역자가 이 직분에 합당한 본분 대신 세상적인 성공만을 꿈꾸고 있습니다. 먼저 주님 앞에 서게 될 것을 생각하십시오. 우리가 끝까지 견디고 저항해야 하는 이유가 여기 있습니다.

특히 포스트모더니즘이 지배하는 오늘날의 현실에서는 진리를 고수하는 것이 시대에 맞지 않는 고리타분하고 꽉 막힌 태도로 보일 수 있습니다. '당신만 옳은가?' '너무 독선적이다' 등의 비난을 받을 수도 있습니다. 그러나 어떤 경우에도 복음은 타협될 수 없습니다. 아무리 사람들이 복음을 거부하더라도 성경이 말하는 바, 곧 모든 인간이 하나님 앞에 죄를 범해 그분의 영광에 이를 수 없는 죄인인 것과, 구원의 소망은 오직 하나님의 독생자 예수 그리스도 안에서만 찾을 수 있다는 사실을 끊임없이 외쳐야 합니다. 주님과 제자들 그리고 수많은 믿음의 선진들이 걸은 길을 우리도 의연히 걸어갑시다.

풍성히 알고 전해야 할 복음의 진수

거짓된 복음이 난무하는 이 시대에 우리가 적극적으로 취해야 할 태도는 무엇일까요? 그것은 여전히 복음의 진수와 아름다움을 풍성히 알고 전하는 것입니다. 마치 감정사가 보석의 진정한 가치를 아는 것처럼, 우리도 그 어떤 것과도 비견할 수 없는 복음의 가치를 선명히 알아야 합니다. 그래서 바울이 말한 것처럼 말씀을 혼잡하게 하지 않는 일에 힘쓸 뿐 아니라, 오직 진리만을 전하는 데까지 나아가야 합니다.

안타깝게도 많은 사람이 교회 안에 있으면서도 복음의 진정한 부요함과 영구한 가치를 모릅니다. 사역자를 통해 참된 복음을 듣지 못했기 때문입니다. 타협되고 변질된 복음은 다급한 현실의 필요를 채워주고 만족을 주는 듯하지만, 복음의 진정한 가치와는 비교할 수 없습니다.

그러므로 누구든지 교회에 처음 발을 내딛는 사람이라면 가장 먼저 순전한 복음을 맛보아 알아야 합니다. 곧 우리 인간이 하나님의 은혜 없이는 그저 무가치하고 절망스러운 죄인에 불과하다는 것을 말씀을 통해 깨달아야 합니다. 말씀을 전하는 자는 성경이 말하는 바에 따라, 죄인인 우리가 오직 예수 그리스도의 구속하심을 통해서만 구원을 소망할 수 있고, 참된 삶의 의미 또한 그리스도 안에서만 찾을 수 있다는 것을 힘 있게 전해야 합니다. 하나님께서 나 같은 죄인을 위해 행하신 구원의 큰 일이 너무도 완전하기에 우리의 어떤 행위와 공로도 비집고 들어갈 자리가 없다는 것을 듣는 사람이 절절히 깨닫게 해야 합니다. 이처럼 구원이 오직 하나님의 은혜로 주어졌고 예수 그리스도로 말미암았기에, 결국 모든 영광을 하나님께만 돌려야 함을 선명하게 드러내야 합니다.

개혁주의가 말하는 '오직 은혜' '오직 그리스도'는 단순한 교리적 표현이나 구호가 아닙니다. 창세기부터 요한계시록까지 모든 성경이 하나같이 드러내고 있는 핵심 내용은 타락한 죄인을 위해 하나님께서 행하신 일을 요약한 것입니다. 인간의 어떠함도 결코 개입하거나 자랑할 수 없는 구원의 완전함과 복음의 부요함을 말하는 것입니다.

그럼에도 많은 사람이 이 중요한 사실을 뻔한 내용으로 대수롭지 않게 생각합니다. 말씀을 전하는 자나 듣는 자나 이 어마어마한 내용을 담고 있는 복음을 온전히 알지 못하기 때문입니다. 복음과 그 가치를 온전히 알지 못하는 사람은 복음의 부요함을 퇴색시킬 뿐 아니라 그 진수를 제대로 드러내지 못합니다. 그에게는 오랜 복음이 그저 식상한 옛이야기일 뿐입니다.

하지만 하나님의 말씀을 전하는 일에 부름받은 사역자라면 하나님께서 계시하신 복음에 주목하고 자신의 마음을 쏟아야 합니다. 우리의 힘과 능력이 아닌 오직 하나님께서 행하신 일을 통해 성취된 이 놀라운 구원의 진수를 더욱 깊고 풍성히 알아 뜨거운 심령으로 전해야 하는 것입니다. 자신이 전하는 복음이야말로 그 어떤 것과도 비견하거나 대체할 수 없는 유일한 것임을 생생하게 알아야 합니다.

이를 알지 못하면 복음을 온전히 전할 수 없습니다.

또 복음의 진수와 부요함을 자신의 삶에서 경험하고 실제로 소유해야 합니다. 복음을 삶에서 경험하지 못한 사람은 결코 하나님의 구원을 생기 있게 전하지 못합니다. 자신의 이야기가 아닌 남의 이야기이기 때문입니다. 설령 복음을 말하더라도 성경의 내용을 인용하는 것에 불과하게 됩니다. 이는 말씀을 듣는 사람이 복음을 지루하게 여기는 중요한 이유 중 하나입니다. 더 나아가 온갖 복음의 모조품에 손을 뻗으려는 유혹도 여기서 비롯됩니다. 당장 사람들의 반응을 이끌어내는 좀 더 효과적인 방법을 찾으려 애쓰는 것은 참된 복음을 소유한 자에게는 결코 용납될 수 없습니다.

하나님의 순서를 따르는 목회

그러면 어떻게 해야 복음을 풍성하게 알 수 있을까요? 어떻게 하면 끝까지 현실에 타협하지 않고 복음을 순전하게 전할 수 있을까요? 먼저 눈앞의 사람들에게서 당장의 반응을 얻어내려고 해서는 안 됩니다. 지금 교회에서는 복음의 진가를 제대로 알지 못한 채 그저 사람들의 호응을 이끌어내려는 시도가 비일비재하게 일어나고 있습니다. 특히 다수의 목회자가 교인들을 율법주의의 틀에 가두고 있습니다. 하나님께서 우리를 위해 행하신 구원의 사역인 복음을 말하지 않고, 인간적인 면에서 해야 할 의무와 책임만을 강조합니다. 단순히 복음의 진수를 몰라서이기도 하지만, 그러면 가시적 효과도 크고 성도들을 교회에 묶어두기가 용이하기 때문입니다.

가장 심각한 문제는 앞서 말한 것처럼 사역자들조차 복음에 대한 확신이 불분명하다는 것입니다. 그래서 영원 전부터 전 역사를 통해 하나님께서 행하신 위대하고 놀라운 일을 선포하기보다는 인간의 노력을 말하면서 복음을 대체하는 일을 벌이고 있습니다. 이처럼 많은 사역자가 마치 자유주의자들처럼 '순종하라' '전도하라' '거룩하라' '기도하라' '예배에 열심히 나오라'는 명령법만 강조합니다. 물론 이런 명령이 결코 틀린 것은 아니지만, 이 명령을 할 때는 분명히 먼저 제시해야 하는 것이 있습니다. 바로 메이첸이 '직설법'으로 말한, 하나님께서 죄인을 위해 행하신 일입니다.

다른 종교와 달리 기독교는 이 직설법을 기반으로 세워진 종교입니다. 하나님께서 행하신 큰 구원의 일이 기독교의 중심입니다. 복음을 올바로 이해하는 길은 여기에 있습니다. 성경을 볼 때 하나님께서 우리를 위해 어떤 일을 행하셨는지 살펴보십시오. 아브라함의 경우만 해도, 하나님께서 얼마나 많은 일을 아브라함과 믿음의 후손인 우리를 위해 행하셨는지 알 수 있습니다. 창세기의 이 한 부분만 살펴봐도 그 면면에 흐르는 복음을 발견할 수 있습니다.

목회자는 복음을 믿음으로 소유해 온 심령으로 펼쳐내는 사람입니다. 뭔가 우리가 행할 일이 있더라도 그것은 하나님께서 우리를 위해 행하신 구원의 일을 깨닫고 진심으로 감사하는 가운데 뒤따르는 것일 뿐입니다. 즉 직설법이 먼저 제시되고 다음에 명령법이 뒤따라야 합니다. 이 순서가 바뀌는 순간, 복음은 크게 왜곡되기 시작합니다. 앞뒤가 바뀐 복음은 시대에 영합해 사람들에게 인기를 끌 수는 있지만, 성경이 말하는 복음의 능력은 결코 드러내지 못합니다.

눈앞에 있는 한 사람이 변화되기 원하십니까? 그렇다면 섣불리 그 사람을 변화시키려 하지 말고, 먼저 순전한 복음을 전하고 그 복음을 통해 하나님께서 일하시기를 기대하십시오. 생각해보면 우리 자신이야말로 누구보다 큰 죄인이었고 더욱 절망적인 상태에 놓여 있지 않았습니까? 그런 죄인인 우리도 하나님이 구원하셨는데, 눈앞의 그 사람을 구원하시지 못할 이유가 어디 있겠습니까?

목회자는 이런 인식을 가지고 복음을 통해 나타나는 하나님의 능력을 항상 신뢰하면서, 보이는 상황에 일희일비하지 않고 끝까지 인내하며 복음을 전해야 합니다. 사람들이 싫어한다고 목회자가 복음의 진수와 가치를 풍성히 전하지 않는다면 기독교는 결국 자유주의의 길을 걷게 되고, 교회는 수많은 바리새인으로 가득 찰 것입니다.

아직 남겨진 자들을 위해

비참한 죄인인 우리에게 하나님이 주신 구원은 고작 몇 년 또는 몇십 년 짜리가 아닙니다. 그리스도 안에서 우리에게 주어진 구원은 영원한 것입니다. 영원한 구원을 어떻게 이 세상의 썩어 없어질 영광과 바꿀 수 있겠습니까? 우리를 현혹하는 온갖 거짓 복음에 눈길을 줄 이유가 전혀 없습니다. 하나님의 그 찬란하고 영원한 영광으로 나아가게 하는 참된 복음, 순전한 복음만을 전하십시오. 복음을 전할 때는 절대 뒤돌아보지 마십시오. 정녕 사역자는 이 일을 위해 부름받은 사람입니다.

물론 우리는 연약하기에 수많은 유혹을 받기도 하고, 깊은 좌절에 빠질 수도 있습니다. 하지만 성경의 진리를 온전히 전하려는 진실한 사역자를 하나님은 그냥 내버려두지 않으십니다. 반드시 일으켜 세우시고 필요를 채우시며 도와주십니다. 또 함께 이 길을 걸어가는 동역자를 주셔서 서로 의지하고 격려하며 끝까지 맡은 일을 감당하게 하십니다.

우리 눈에 보이는 영적 현실은 매우 어둡고 비관적이지만, 그 가운데서도 하나님은 자신의 백성을 분명히 남겨두십니다. 여전히 참된 교회를 추구하며 순전한 복음을 사모하는 자들이 도처에 있습니다. 그렇다면 우리 또한 오직 복음의 능력과 권세만을 드러내며 그처럼 목마른 영혼들에게 복음을 채워주려고 힘써야 할 것입니다. 아무리 타락한 시대라도 하나님께서 찾으시는 진실한 사역자와 성도는 늘 있었고, 이 시대에도 여전히 존재합니다. 매우 혼탁해 아무것도 분간할 수 없을 것만 같은 상황에서도, 하나님의 백성은 자신이 듣는 말씀이 하나님의 말씀인지 아닌지 분별해 반응할 것입니다. 무엇보다도 하나님께서 여전히 그분의 백성을 남겨두어 참된 교회를 세우시고 보호하시며 인도하실 것입니다.

하나님은 지금도 그 기쁘신 뜻에 합당하게 영혼들을 섬길 사역자를 부르고 계십니다. 우리의 연약함과 부족함에도 하나님은 각처에서 참된 교회를 섬길 사역자를 찾고 계십니다. 그리고 바로 그 사람을 통해 복음의 능력을 드러내실 것입니다. 가장 가치 있는 일, 즉 순전한 복음을 전하는 이 일에 온 마음을 쏟기 바랍니다.

뜨거운 심장으로
다시 '오직'(sola)을 회복하라

Sola Scriptura
Sola Gratia
Sola Fide
Solus Christus
Soli Deo Gloria

Part 2
가릴 수 없는 복음

GOSPEL

1. 복음의 영광이 가려진 현실

"우리는 수많은 사람들처럼
하나님의 말씀을 혼잡하게 하지 아니하고"
_고후 2:17상

기독교의 심장

기독교에서 복음은 어떤 의미일까요? 과연 복음은 있어도 그만 없어도 그만일까요? 결코 그렇지 않습니다. 복음은 기독교의 심장이요 핵심입니다. 세상에 대한 하나님의 놀라운 구원의 선포일 뿐 아니라, 신자 된 우리의 신앙과 삶의 근간이 바로 복음입니다. 그러므로 복음의 변질과 왜곡은 결코 가볍게 다룰 수 없는 문제입니다. 이미 앞에서 말했다시피 복음이 무너짐으로써 벌어지고 있는 현상은 생각보다 훨씬 위험하고 심각합니다. 이러한 현실을 말씀에 비추어 정확히 분석하고 그 심각성을 사무칠 정도로 자각해 그에 상응하는 반응을 하지 않는다면 우리는 영적으로 죽은 것입니다.

복음은 하나님이 이루신 구원 역사의 모든 내용을 완전히 담고 있습니다. 여기에는 아무것도 더하거나 뺄 것이 없습니다. 그럼에도 예나 지금이나 교회에서는 복음에 여타 불순물을 섞는 일이 여전히 자행되고 있습니다. 오히려 이렇게 변질된 복음이 순전한 복음보다 더 큰 환영과 지지를 받기도 합니다.

오늘날 복음은 그 전례를 찾기 힘들 정도로 광범위하게 변질되고 있습니다. 주님의 재림 전에 있을 대배교(살후 2:3)로 나아가는 과정이 성경의 말씀처럼 우리 눈앞에 펼쳐지고 있는 것입니다.

기독교가 다른 종교나 철학과 확연히 구분되는 이유는 복음을 소유했기 때문입니다. 교회가 타락한 세상에 구원의 복된 소식을 전하는 유일한 기관으로 일할 수 있는 원동력은 복음에 있습니다. 신자가 이전과는 전혀 다른 새로운 존재로 거듭나는 일 역시 복음이 선포하는 그리스도의 구속으로 말미암은 것입니다. 실로 복음은 교회와 신자의 정체성 및 생명의 문제와 깊이 연관되어 있습니다. 달리 말하면 복음의 변질과 왜곡은 필연적으로 교회와 신자의 생명력을 상실케 하고 정체성마저 혼란스럽게 만듭니다.

우리에게 필요한 것은
부분적인 진리가 아니다

약 30년 전 월터 챈트리(Walter J. Chantry)가 서구 기독교회의 문제점을 진단했는데, 그 내용이 지금 한국 교회의 모습과 거의 흡사합니다.

교회지도자들은 교인들 가운데 기쁨과 승리의 분위기를 자아내고자 부단히 노력하지만, 현재의 경험과 노력의 결과에 만족하지 못하며 불편해하고 있습니다. … 지금보다 많은 선교사가 존재한 적이 없습니다. 지금보다 많은 전도 캠페인이 있던 적도 없고, 지금보다 많은 그리스도인이 개인 전도를 위해 공부한 적도 없으며, 복음 사역의 문제에 대한 원인과 대책을 진지하게 검토하기 위해 지금보다 많은 회의가 열린 시대도 없었습니다. … 하지만 선교사들과 지역교회에서 느끼는 당혹감은 더욱 더 깊어지고 있습니다. 그러면서 다음과 같은 물음이 계속 제기됩니다. '우리의 복음 전도, 무엇이 문제인가?' '세계를 그리스도에게로 인도하기 위해서는 무엇이 필요한가?' '조나단 에드워즈나 휫필드의 능력은 어디에 있는가?'[29]

이 질문에 복음주의자들이 내놓은 대답은 '연합'이었습니다. 하지만 챈트리는 그 해법이 본질에서 벗어나 있음을 지적합니다. 연합이라는 이름으로 모이긴 했으나 정작 복음이 무엇인지 묻는 일에는 모두 주저한다는 것입니다. 복음을 명확하게 규정하려고 할수록 서로 간의 마찰이 커질 수 있기 때문입니다. 챈트리는 설교자도 마찬가지라고 말합니다.

오직 하나님의 말씀인 복음에만 깊은 주의를 기울이지 않기 때문에, 구세주의 영광은 심지어 그분의 종들에게도 감추어지고 있습니다. … 그러나 그리스도의 복음과 오늘날 유행하고 있는 복음 사이의 대립은 대수롭지 않은 것이 아니라 중대한 것입니다. 영혼의 생명과 죽음, 교회의 활기와 무기력의 차이는 바로 이러한 대조적인 메시지에 달려있습니다.[30]

그렇기 때문에 우리는 진정한 복음을 부여잡고 혼합적인 복음은 버려야 합니다.

챈트리가 말한 것처럼 절반의 진리가 온전한 진리로 제시되었을 때 그것은 비진리가 됩니다. 하지만 현실에서는 이런 일이 비일비재하게 일어납니다. 그저 성경을 인용하고 '하나님' '예수님' '복음'이라는 단어를 사용한다는 이유만으로 비진리를 전할 위험성이 없다고 안이하게 생각합니다. 오히려 부분적 진리는 비진리라고 지적하는 사람을 무례하고 극단적이라며 몰아세우기까지 합니다. 1세기 당시 바울이 같은 문제에 얼마나 단호하게 대처했는지 생각해보면 참으로 기이한 현상입니다.

교회의 수많은 사람이 이미 세상 정신에 깊이 물들어, 성경의 진리보다 이러한 비진리를 더 포용력 있고 바람직한 주장으로 여기고 있습니다. 현재 기독교의 위기와 문제는 바로 여기서 비롯되었습니다. 주변부가 아닌 기독교의 핵심, 즉 복음의 변질과 왜곡이 모든 문제의 원인입니다.

복음이 변질되면 교회는 세상의 여타 다른 종교나 사회단체와 다를 바가 없습니다. 제프리 윌슨(Jeffrey E. Wilson)은 이를 다음과 같이 경고했습니다.

오늘날 기독교는 혼란스럽고 부패한 상태에 있으며, 그 상태는 해마다 악화되어가고 있습니다. 하나님의 진리의 말씀에 물이 섞여들고, 누구나 다 들어와 … 타협되어가고 있습니다. 그 결과 본질적으로 인본적이고 물질주의적이며 세속적이 되어가고 있으며, 조금도 부끄러움 없이 주 예수 그리스도의 명예를 손상시키는 잡종 기독교가 되어버렸습니다. 이러한 타락은 대부분 오늘날 전 세계로 퍼져가고 있는 잘못된 복음 때문입니다.[31]

더 심각한 문제는 복음이 훼손되어 교회가 생명력을 잃고 신자들의 정체성이 모호해졌음에도 놀라거나 경각심을 갖는 사람이 적다는 것입니다. 복음의 왜곡이 오랜 시간 점진적으로 진행되었기 때문에 변질에 둔감할 수 있음을 감안해도 이는 매우 기이한 현상입니다. 복음이 변질되었다는 말에는 쉽게 동의하지만, 정작 말씀에 비추어 현실을 분별하고 올바른 길을 걷는 일에는 매우 더디고 심지어 무관심하기까지 합니다. 기독교의 심장부에 엄청난 타격이 가해졌는데도 아랑곳하지 않고 계속 거짓 복음을 선포한다는 것은 우리가 영적으로 심히 병들어 있음을 보여줍니다.

우리는 이런 현실을 거슬러야 합니다. 복음의 참된 가치를 소유하고 선포하는 것은 말씀을 맡은 자의 기본 책무이자 사명입니다. 이를 위해 먼저 역사에서 복음이 어떤 변질 과정을 거쳤으며, 그 변질과 왜곡의 배후에 무엇이 도사리고 있는지 살펴볼 필요가 있습니다.

복음 변질의 오랜 역사

복음 변질의 시작은 초대교회가 시작된 1세기까지 거슬러 올라갑니다. 당시 교회에 헬라 철학의 영향을 받은 영지주의와 구약의 율법을 여전히 중시하는 율법주의, 그리고 신비주의와 금욕주의에 물든 복음이 전해졌음을 성경은 여러 곳에서 지적합니다. 교회사는 처음부터 복음의 왜곡과 변질이라는 난관에 맞서야 했습니다.

바울을 비롯한 여러 사도는 이러한 현상에 매우 민감하게 반응하며, 그 폐해를 날카롭게 지적했습니다. 그리고 각지에 흩어진 성도들에게 유일한 대속자이신 그리스도로 말미암은 복음에 집중할 것을 권면했습니다. 그러나 이 같은 노력에도 2세기에는 대속자 그리스도가 아닌 윤리적이고 도덕적인 모범으로서의 그리스도가 더욱 강조됩니다. 1세기의 율법주의와 도덕주의가 한층 진일보한 모습으로 탈바꿈해 나타난 것입니다.

여기서 주목해야 할 사실은 구속자 그리스도가 아닌 그리스도인의 행동과 삶에 복음의 초점을 맞추는 사람들이 기독교회 역사의 초창기부터 있었다는 점입니다. 이처럼 복음을 그저 윤리적 삶의 충족 정도로 보는 가르침이 1세기 교회에서 전해지고 있었습니다. 훗날 19세기 자유주의자들과 오늘날 신자유주의자들의 도덕주의 복음이 그때부터 있었던 것입니다.

또 2세기와 3세기에 걸쳐 플라톤 철학과 헬라 사상의 영향을 받아 알레고리적 해석이 교회에 유입되었습니다. 이 해석 방식의 기원은 철학을 바탕으로 하는데, 당시의 유명한 교부 클레멘트(Clement)

나 오리겐(Origen) 등에 의해 소개되었습니다. 플라톤과 헬라 철학에 복음의 해석을 의존하게 되면서, 복음은 또 한 번 변질되었습니다. 알레고리적 해석을 수용하면 필연적으로 헬라 철학의 영지주의를 일정 부분 받아들이지 않을 수 없기 때문입니다.

이러한 양상은 중세 시대에 접어들면서 더욱 심화됩니다. 알레고리적 해석과 신플라톤주의는 인간의 유일한 대속자이며 중보자이신 그리스도 중심의 복음을 크게 훼손했습니다. 마치 골로새교회처럼 사람들은 이교적 신비주의에서 비롯된 연합과 성취를 지향하게 되었고, 복음은 점차 빛을 잃어갔습니다.

뒤이어 등장한 로마 가톨릭교회는 이와 같은 혼합주의적 신앙의 대표적인 예입니다. 수빌리아(Vittorio Subilia)에 따르면 가톨릭교회에는 영지주의, 대중 철학, 신비종교 및 여타 다른 영향이 통합되어 있습니다.[32] 그의 지적대로라면 가톨릭의 가르침은 혼합주의 복음의 절정이라고 해도 과언이 아닙니다.

복음에 대한 도전은 중세 교회를 개혁한 종교개혁 이후에도 계속되었습니다. 계몽주의 시대를 지나며 인간의 이성을 근거로 예수 그리스도를 이해하는 자유주의의 입김이 거세지면서 도덕주의가 복음의 자리를 대체하는 일이 벌어졌습니다. 게다가 최근에는 포스트모더니즘의 특징인 상대주의와 다원주의로 인해 절대적 진리를 말하는 복음이 상대적이고 종교다원적인 것으로 해체되고 있습니다. 이런 배경에서 복음주의 교회들이 복음을 율법주의, 율법 폐기주의, 주관주의, 신비주의, 복음적 다원주의, 복음적 실용주의 등으로 변질시켜 오히려 복음을 가리고 있습니다. 게다가 죄인을 구원하는 유일한 길인 그리스도와 십자가가 아닌 온갖 세상의 정신이 복음으로 둔갑해, 사람들의 그릇된 욕망과 죄성을 충족시키는 일까지 더해가고 있습니다.

말씀을 혼잡하게 하는 일과 사탄의 역사

우리는 그 어느 때보다도 혼잡스러운 복음을 마주하고 있습니다. 치유의 복음, 부와 번성의 복음, 도덕주의 복음 등을 선두로 복음을 흐리고 왜곡한 다양한 가르침이 교회에서 공공연하게 전파되고 있습니다. 현실이 이러함에도 바울처럼 크게 놀라거나 이상하게 여기지 않고(갈 1:6), 오히려 단기적이고 가시적인 효과에 취해 더욱 열렬히 복음의 모조품을 힘써 외치고 있습니다. 정녕 기이하고 두려운 일입니다.

그렇다면 성경은 이러한 현실을 어떻게 규정하고 있을까요? 이에 대해 바울은 고린도후서에서 '말씀을 혼잡하게 하다'라는 표현을 사용했습니다. 여기서 '혼잡하게 하다'에 해당하는 헬라어에는 '포도주에 무엇인가를 뒤섞다'라는 의미가 있습니다. 바울은 이 표현을 통해 복음을 변질시키는 일은 포도주에 뭔가를 뒤섞듯이 복음에 온갖 세속적 가치와 사상을 뒤섞는 것임을 말해주고 있습니다.

뒤이어 바울 자신은 이런 일에 전혀 동참하지 않았다고 분명하게 밝힙니다. 우리는 이 사실을 깊이 생각해봐야 합니다. 복음을 혼잡하게 할 어떠한 시도도 하지 않았다는 그의 담대한 고백이 당시 상황과 오늘날의 현실에 비추어볼 때 얼마나 어려운 것이고 경성한 태도였는지를 말입니다. 지금 우리에게도 이러한 바울의 태도가 필요합니다.

바울은 반대로 복음을 혼잡하게 하는 '거짓 교사'에 대해서도 날카롭게 지적했습니다. 거짓 교사의 가르침은 '다른 예수를 전파하고 다른 영과 복음을 받게 하는 것'(고후 11:4)이었습니다. 또 그들은 거짓 사도요 속이는 일꾼으로서, 자신을 그리스도의 사도로 가장하는 자들이었으며, 그 배후에는 광명의 천사로 가장한 사탄이 있었습니다(고후 11:13-15).

우리는 이러한 바울의 지적을 귀담아 들어야만 합니다. 하나님의 말씀을 혼잡하게 하는 배후에는 사탄이 있습니다. 복음의 변질은 우연히 일어나지 않습니다. 광명의 천사로 가장한 사탄이 거짓 교사의 배후에서 역사하기 때문에 일어나는 것입니다. 이 사실을 간과한 채 현실을 진단하고 해법을 찾는 것은 큰 의미가 없습니다.

복음이 아무렇게나 변형되고 다른 것이 덧붙여지는 것을 대수롭지 않게 여겨서는 결코 안 됩니다. 오히려 그 배후에 사탄이 도사리고 있음을 알고 몸서리치며 이를 경계해야 합니다. 특히 말씀을 전하는 사역자는 이 문제에 더욱 예민하게 반응해야 합니다. 어떤 방식이든 복음을 혼잡하게 하는 자는 광명의 천사를 가장한 사탄에게 속하거나 미혹된 것입니다.

사탄은 초대교회 때부터 거짓된 가르침을 끊임없이 교회에 퍼뜨렸습니다. 사탄이 이토록 복음을 훼방하는 가장 큰 이유는, 온 세상의 구주이신 그리스도가 증거되는 것을 막기 위해서입니다. 반하우스(Donald Grey Barnhouse)는 사탄이 한 도시를 장악했을 때 벌어질 광경을 묘사했습니다.

> 사탄이 필라델피아를 장악한다면 술집은 모두 문을 닫을 것이고, 도색물은 자취를 감출 것이다. 깨끗해진 거리는 서로 웃음을 머금은 보행자로 가득 찰 것이다. 저주와 악담도 사라질 것이다. 아이들은 '네, 선생님' '네, 엄마' 하고 공손하게 말하고, 교회는 매 주일 문전성시를 이룰 것이다. … 그러나 교회에서는 그리스도가 선포되지 않을 것이다.[33]

우리는 흔히 사탄의 역사를 윤리와 도덕의 붕괴에서만 발견하려고 합니다. 하지만 반하우스의 지적처럼 사탄의 주된 목적은 교회에서 그리스도가 선포되는 것을 막는 데 있습니다.

그렇다면 사탄은 어떻게 복음의 영광을 가릴까요? 이는 크게 세 가지로 정리할 수 있습니다. 바로 복음의 왜곡과 축소 그리고 점진적인 기만입니다.

인간에게 비중을 두는 왜곡

왜곡은 복음에 성경의 진리가 아닌 또 다른 요소가 뒤섞일 때 일어납니다. 왜곡의 방식은 다시 세 가지로 구분할 수 있습니다.

먼저 신학적 왜곡입니다. 이 왜곡의 핵심은 우리의 구원이 예수 그리스도만으로는 충분치 않다는 주장을 신학적으로 정당화하는 데 있습니다. 대표적 사례로 펠라기우스는 그리스도의 성취가 아닌 인간의 선택에 의한 구원을 주장했습니다. 또 이와 유사한 관점을 가진 아르미니우스주의나 반(半)펠라기우스주의자들은 하나님과 인간의 협력을 통해 구원을 성취할 수 있다고 가르쳤습니다.

흥미롭게도 약 1500여 년 전에 등장한 이 세 주장은 그 모습을 바꾸어 오늘날의 교회에서도 여전히 수용되고 있습니다. 호튼은 이처럼 인간의 행위와 어떠함에 더 많은 비중을 두는 오늘날의 복음주의자들에 대해, "중세 교회만큼이나 은혜를 일차적으로 일방적인 하나님의 구출이 아니라 도덕적인 변화의 과정을 돕는 신적인 조력으로 여긴다"[34]고 지적했습니다. 그의 말대로라면 오늘날의 개신교에는 과거에 복음의 진정한 가치를 가렸던 여러 주장이 계속 통용되고 있는 것입니다.

이는 전혀 극단적인 지적이 아닙니다. 실제로 '교리가 아니라 삶이다'라는 외침이 계속 교회에서 들려오고 있지 않습니까? 이러한 가르침으로 복음을 변질시키고 더 나아가 소멸케 하는 일이 실제로 벌어지고 있습니다. 어떤 구원의 소망도 없는 죄인을 위해 하나님께서 친히 구원의 길을 내시고 값없이 구원을 선물로 주셨다는 것이 복음인데, 도리어 인간의 역할과 기여를 신학적 체계로 정리해 가르치는 일이 여전히 교회에서 자행되고 있습니다. 신아르미니우스주의나 신자유주의 같은 주장은 과거에 이미 등장한 왜곡된 복음에 새로운 옷을 입힌 것으로, 지금도 많은 교회에 적잖은 영향력을 끼치고 있습니다.

세상 정신을 뒤섞는 왜곡

두 번째 왜곡의 방식은 복음에 세상 정신을 뒤섞는 것입니다. 이미 헬라 철학, 심리학, 실용주의, 종교다원주의, 포스트모더니즘 등은 교회에 수용된 지 오래입니다. 스미스는 이런 현실에 처한 오늘날의 기독교를 '도덕주의적이고 심리치유적인 이신론'이라고 꼬집어 말했습니다. 합리주의에서 비롯된 이신론, 심리학과 실용주의의 결합으로 형성된 심리치료적인 요소, 현재 유행하는 도덕주의의 윤리적 관점을 모두 뒤섞어 마치 복음처럼 여기고 있다는 의미입니다.

혼합주의적 복음은 그 기저에 인간의 행위를 통해 하나님의 은혜와 의롭다 함을 스스로 획득할 수 있다는 생각이 있습니다. 기독교의 외형을 하고 있지만 정작 그 안에서 복음은 찾아볼 수 없습니다. 챈들러(Matt Chandler) 역시 이 사실을 지적하면서, 현재 교회의 청년들이 도덕적이고 심리치료적인 이신론을 막연히 추구하고 있다고 말합니다. 즉 "예수님 성찬, 죄 안 짓기, 자신에 대해 긍정적인 생각 갖기 등을 말하고, 그 모든 것에서 하나님을 중요한 요소로 여기지만, 거기엔 복음이 없다"[35]는 것입니다.

한국 교회도 기독교의 부패에 실망한 나머지, 이런 도덕주의적이고 심리치료적인 이신론을 참된 복음으로 여기며 열렬히 추구하는 젊은 세대가 점점 많아지고 있습니다. 그들은 자신의 신앙과 교회를 매우 자랑스럽게 여깁니다. 자신의 신앙에 어떤 요소가 뒤섞여 있는지 전혀 깨닫지 못한 채 말입니다.

더욱 안타까운 것은, 많은 사람이 교회의 타락에 대한 반발로 기독교가 순전한 복음을 믿고 그 안에서 살아가는 종교임을 알지 못하게 되어버렸다는 것입니다. 이러한 점에서 목회자는 온갖 것이 혼합되어 발생한 왜곡을 세심하게 분별해야 하는 수고를 피할 수 없게 되었습니다. 매우 큰 씨름이 목회 사역에 기다리고 있는 것입니다.

그리스도 없는 성경 해석의 왜곡

마지막으로 복음의 왜곡은 그리스도가 없는 성경 해석, 곧 복음 중심의 해석에서 이탈할 때 일어납니다. 성경은 일관되게 하나님께서 죄인을 위해 행하신 구원의 일을 선포하고 있습니다. 그리고 그 중심에는 그리스도와 복음이 있습니다. 그러므로 성경을 올바르게 해석하려면 하나님께서 죄인을 위해 행하신 일, 곧 그리스도 안에서 성취하신 구원을 먼저 선포해야 합니다. 신자에게 거룩함의 추구나 성화의 과정은 하나님께서 행하신 구원의 역사를 반드시 전제할 때 가능해집니다. 이 순서가 뒤바뀌면 한 사람의 구원과 참된 변화는 결국 인간의 행위에 좌우됩니다. 여기서 복음의 변질이 일어나는 것입니다.

그럼에도 많은 사람이 이를 간과한 채 성경을 말하면서도 그리스도 없는 행위와 삶을 강조합니다. 그러나 그리스도와 복음을 배제한 성경의 이해는 율법주의와 도덕주의, 온갖 체험을 강조하는 신비주의의 온상이 됩니다.

골즈워디(Graeme Goldsworthy)는 그릇된 성경 해석의 폐해를 다음과 같이 말합니다.

> 우리는 변화된 삶으로 구원받는 것이 아니다. 변화된 삶은 구원받은 결과이지 구원의 기초가 아니다. 구원의 기초는 그리스도가 우리를 대신해 바친 삶과 죽음의 완전성이다. 일부 복음주의자들은 한편으로는 알레고리 해석으로, 다른 한편으로는 선지자적인 문자주의로 되돌아감으로써 중세적인 성경관을 더 선호해 개혁자들의 해석학적 성과를 다 내다버렸다.[36]

또 복음 중심의 성경 해석을 강조하면서 다음과 같이 덧붙였습니다.

> 유일하고 참되신 하나님과 그분이 보내신 예수 그리스도를 아는 것에 초점을 두고 이를 목적으로 삼지 않는 어떤 해석학적 실행도 결국 성공할 수 없다.[37]

하지만 시간이 지날수록 교회에서 복음 또는 그리스도가 중심인 성경 해석은 점점 더 듣기 어려워지고 있습니다. 앞장에서 말한 세 가지 거짓 복음의 성경 해석은 더 말할 나위가 없습니다. 그러다 보니 하나님이 행하신 완전한 구원의 사역도 모르고, 자신의 죄를 구속하신 그리스도를 인격적으로 알지도 못한 채 신앙생활하는 사람이 더욱 많아지고 있습니다. 이런 사람은 그저 예수님의 정신과 삶을 따르는 것이 참된 믿음이며 올바른 신앙생활이라고 생각합니다. 또 구원 역시 자신의 훌륭한 삶을 통해 획득할 수 있다고 여깁니다. 하나님께서 우리의 구원을 위해 모든 것을 다 성취하셨다는 기쁜 소식 대신, 인간의 열심과 행위를 부추기는 도덕주의적 설교가 훨씬 더 많이 들리는 이유가 바로 여기에 있습니다.

호튼은 "오늘날 우리 사역의 상당 부분이, 예수님이 무엇을 하셨는지가 아니라 예수님이라면 어떻게 하실까에 강조점을 둔 복음 없는 율법, 소식 없는 권면, 선언 없는 지침, 교리 없는 행위"[38]라며 이러한 현실을 꼬집었습니다. 한국 교회 역시 호튼의 말처럼 율법 폐기론의 입장을 취하는 사람보다 자신의 행위에 만족하는 사람이 훨씬 많아 보입니다. 이처럼 많은 교회가 율법주의적 설교로 사람들을 묶어두고 열심과 행위 없이는 어떠한 복도, 심지어 구원도 받지 못한다고 가르칩니다. 예수님이 그토록 강하게 꾸짖으신 당시의 율법주의와 별반 다를 바 없는 모습이 오늘날의 교회에서도 나타나는 것입니다.

한 가지 측면을 전부처럼 말하는 복음의 축소

복음은 왜곡뿐 아니라 혼돈과 축소를 통해서도 가려집니다. 가장 주목할 예가 복음을 진심 어린 회개로 축소하는 것입니다. 과거에도 복음의 일부분을 마치 전부인 양 확대해 말하는 사람들은 존재했습니다. 그런데 이와 유사한 움직임이 최근 교회의 어두운 영적 현실에 대한 반발로 재현되고 있는 것입니다. 특히 복음을 강조하는 선교단체나 참된 회심에 많은 비중을 두는 교회가 이처럼 축소된 복음을 가르치는 경우가 많습니다. 특히 복음의 결과인 회개와 관련해 더 두드러집니다. 즉 복음을 진심 어린 회개에 의한 구원과 그에 따른 기쁨 정도로 국한하는 오류를 흔히 범합니다.

나는 『예수를 믿는다는 것은』(생명의말씀사)을 통해 사영리 전도의 한계를 지적했습니다. 사영리의 내용과 기도문을 따라 읽고 그저 입술로 예수님을 믿는다고 시인하는 것만으로 구원받는다는 것은 성경이 말하는 회심이 아니기 때문입니다. 다만 사영리를 통해 교회로 들어온 사람이 어떤 계기를 통해 회심을 경험할 수는 있습니다.

하지만 지금 말하는 것은 이미 보편화된 사영리 전도에 대한 것이 아닙니다. 여기서는 나름대로 진리를 추구하고 하나님의 역사를 강조하는 무리를 통해 일어나고 있는 복음의 축소에 주목하고자 합니다. 이들은 진실한 회개를 강조하면서 그것을 복음과 연결합니다. 물론 복음은 회개와 믿음을 요구합니다. 그러나 참된 회개가 복음은 아닙니다. 그럼에도 복음을 말하는 대신 회개를 통해 진정한 생명의 역사를 경험할 수 있다고 주장합니다.

오늘날 교회에서 진정한 회개를 볼 수 없다는 지적에 대해서는 상당 부분 동의합니다. 온전한 복음이 전해지지 않기에 복음의 능력이 나타나지 않는다는 주장 역시 수긍할 만합니다. 그러나 현실에서 참된 회개를 찾아볼 수 없다고 복음을 회개로 축소해서는 안 됩니다. 특히 회개를 지나치게 강조한 나머지, 회개의 방법을 인위적으로 규정하고 이를 충족시키는 것을 복음으로 말하는 사람은 복음을 오해한 것입니다. 다시 말하지만 회개와 믿음은 복음에 대한 반응으로 뒤따르는 것이지 그 자체가 복음은 아닙니다. 다만 이 두 가지가 복음과 매우 밀접한 관계가 있으며, 복음을 전할 때 함께 언급할 필요가 있을 뿐입니다.

그럼에도 회개를 강조하는 사람들은 이런 인위적인 방법에 따라 죄를 고백하는 사람이 나타나면, 그것을 복음의 무엇으로 쉽게 단정해버립니다. 하지만 이는 축소된 복음으로 나타난 현상에 대한 오해일 가능성이 매우 큽니다.

어떤 모임에서는 진실한 회개를 위해 자신의 모든 죄를 하나님과 회중 앞에 고백한 뒤, 옛 생활에서 돌이켜야 한다고 가르칩니다. 차마 사람들에게는 밝힐 수 없어 하나님께만 은밀하게 아뢰던 지난날의 추하고 더러운 죄까지 공동체 앞에서 다 밝히게 합니다. 실제로 이러한 회개의 과정은 회개하는 사람에게 굉장한 내면의 고민과 용기 그리고 결단을 요구합니다. 그렇게 공동체 앞에서 자신의 충격적인 죄를 고백할 때 회중은 놀라기도 하지만 함께 울며 기도하고 위로해줍니다. 그들의 표현을 빌리자면, 하나님이 임하셔서 역사하시는 '초대교회 같은 분위기'가 죄 고백의 순간에 재현되는 것처럼 보입니다.

죄를 고백한 사람도 뭔지 모를 시원함과 후련함을 경험하기도 합니다. 그리고 자신의 죄 고백을 진정한 회개의 증표로 확신하며 자유함을 느낍니다. 이제 자신은 진정한 신자라는 확신도 갖게 됩니다. 회개에 지나치게 많은 비중을 두는 사람들은 이것을 복음에 의한 참된 회개요 회심이라고 생각합니다. 그러면서 이러한 참된 회개만이 복음을 소유했다는 증거이며, 동시에 복음의 능력을 경험하는 것이라고 가르칩니다.

그러나 회개로 복음을 말하는 것은 사실상 복음을 모르는 것입니다. 사실 진정한 회개는 복음을 소유한 사람이 성령의 역사 속에서 자발적이고 전인격적으로 경험하는 것으로, 복음의 열매입니다. 그러므로 복음이 아닌 인위적인 방식의 회개는 참된 회개라고 할 수 없습니다.

인위적 회개는 조금 더 많은 진정성과 고뇌를 요구하는 것 외에 사영리를 따라 읽으면서 갖는 구원의 확신과 별반 다를 바가 없습니다. 가톨릭 신부 대신 회중에게 죄를 고백해 종교적인 카타르시스를 경험하고 심리치유의 효과를 얻는 개신교판 고해성사에 불과한 것입니다.

이처럼 사람이 정한 절차와 방법에 따라 회개하게 되면 결국에는 하나님의 진정한 역사를 제한하게 됩니다. 이런 인위적인 회개 방식을 따랐을 때 뭔가 진정성 있어 보이는 반응을 나타내더라도 이를 참된 회심이나 복음의 역사로 단정하기 어려운 이유가 여기에 있습니다.

복음의 능력은 죄인을 구원하기 위해 행하신 그리스도의 구속의 능력입니다. 이 능력은 그리스도의 구속을 전제로 오직 성령의 역사를 통해서만 경험할 수 있습니다. 그런데 여기서 그리스도의 구속과 성령의 역사를 분리해 생각하면 인위적인 회개를 통해서라도 복음의 능력을 경험하려는 시도를 하게 됩니다. 이는 결코 정상적인 방법이 아닙니다.

복음은 회개를 불러일으키는 근원이지 회개 지체가 아님을 기억해야 합니다. 복음을 회개로 축소하는 것은 복음을 크게 왜곡하는 것입니다. 복음의 중심을 그리스도가 아닌 회개하는 인간의 반응에 두기 때문입니다. 이는 구원의 근거를 하나님의 전적인 은혜와 그분이 성취하신 일이 아닌 개인의 행위와 반응에 두는 것과 마찬가지입니다. 이렇게 그릇된 이해를 가진 사람은 스스로 복음에 충실하다고 생각할 수 있지만, 실상은 복음을 축소하고 가리는 것입니다.

복음을 전하는 자가 회개를 촉구하고, 듣는 자가 참된 회개의 마음을 구하는 것은 바람직한 일입니다. 회개는 성령께서 복음을 통해 허락하시는 진실한 역사이기 때문입니다. 하지만 복음을 회개에 대한 요구로 축소하면 결과적으로 복음을 가리게 됩니다.

참된 회개는 그리스도 안에 나타난 하나님의 공의와 은혜를 성령께서 복음을 통해 우리에게 보이심으로 허락하시는 복음의 열매입니다. 겉으로 볼 때 이 같은 일은 회개에 대한 강박적인 촉구에 의해서도 일어나는 것처럼 비칠 수 있습니다. 그러나 그것은 어디까지나 외형적으로만 그렇게 보일 뿐입니다. 복음을 회개에 대한 요구로 축소하는 것은, 성령께서 복음을 통해 하시는 사역을 사람이 만든 역사로 대체하는 오류라고 할 수 있습니다.

점진적인 변질을 통한 감각의 마비

복음은 점진적인 과정을 통해서도 가려질 수 있습니다. 우리가 복음의 변질과 왜곡을 보면서도 그다지 놀라거나 두려워하지 않는 이유 중 하나는, 그 변질이 쉽게 감지하지 못할 정도로 미세하게 점진적으로 일어나기 때문입니다.

많은 사람이 입을 모아 '복음이 없다' '복음을 무시한다' '복음이 변질되었다'고 말하면서도 정작 복음을 교회와 신앙생활의 중심에 두는 것에 마음을 쏟지 않습니다. 개혁주의를 추구하는 교회라도 몇몇 개혁주의자의 사상을 가르치는 정도에 그치는 경우가 많습니다. 심지어 개혁주의에 대한 파편적인 지식에 만족하면서, 자신들은 부패한 교회들과 달리 옳은 길을 걷고 있다고 착각하기도 합니다.

그러나 자신에게 정직하게 질문해보아야 합니다. 혹시 개혁주의를 외치면서 실제로는 거기서 얻은 지식에 기초해 자신이 나름대로 규정한 종교적 이념을 복음에 덧씌우고 있지는 않습니까? 혹은 복음이 왜곡된 현실에 대한 저항이 아닌 도피를 목적으로 개혁주의를 외치는 것은 아닙니까? 그래서 옳은 일을 행하고 있는 자신의 모습에 만족하고 거기에 안주하고 있지는 않습니까? 만약 그렇다면 이는 결코 바람직한 상태가 아닙니다.

우리는 지금 기독교의 심장인 복음이 훼손되고 변질된 현실을 직면하고 있습니다. 이 상황의 심각성을 분명하게 인식하십시오.

그렇지 않으면 참된 복음을 추구하려 해도 가벼운 의식 변화의 수준에 그치고 말 것입니다. 즉 허울뿐인 개혁주의자가 되고 마는 것입니다.

오랜 시간 복음주의의 변질을 지켜본 로이드 존스는 자신이 목격한 변화의 과정을 요약해 설명했습니다.

> 그런 변화는 대개 처음에는 중심부가 아닌 주변부에서 발생합니다. … 핵심 진리에 대해 어느 날 갑자기 교회의 전통적 입장과 사뭇 다른 진술을 하는 경우는 웬만해서는 발생하지 않습니다. (핵심 진리와) 다른 관점은 외부와 접해 있는 어떤 문제에서 시작합니다. 이처럼 변화가 주변부에서 발생하기 때문에 어떤 사람들은 변화가 발생했다는 사실 자체를 인정하지 않습니다.[39]

그의 지적처럼 오랜 시간 지속된 교회 주변부의 변화를 대수롭지 않게 여기고 도리어 자연스럽게 받아들인 탓에, 우리는 변질된 복음이 무엇인지 분간하기는커녕 현 상황의 심각성조차 제대로 인지하지 못하고 있습니다.

심히 병든 현재의 상태를 직시하라

사도 바울은 복음의 변질에 대해 자신이 취할 수 있는 가장 강력한 반응으로 맞섰습니다. 복음은 교회의 생명력과 정체성을 결정하는 기독교의 중심이며, 신자의 신앙과 삶의 토대이기 때문입니다. 만일 우리가 복음이라 여기며 익숙하고 당연하게 받아들이던 것이 실제로는 변질되고 뒤섞인 거짓 복음이라면 그것은 가슴을 치며 통곡할 일입니다.

그런데 지금 교회의 현실을 보면 그렇지 않다고 할 수가 없습니다. 많은 교회와 성도가 복음을 제대로 알지 못하며, 복음이 없는 신앙생활에 빠져 있습니다. 우리는 바울이 지적한 대로, '이 세상'의 신인 사탄이 복음의 광채가 비치지 못하도록 믿지 않는 자들의 마음을 혼미하게 하는(고후 4:4) 현실을 오늘날 교회에서 보고 있는 것입니다.

바울이 말한 사탄의 역사는 결코 미신적인 이야기가 아닙니다. 성경은 그것을 분명하고 일관되게 말하고 있습니다. 그리스도께서 이 땅에 오시기 전부터 사탄은 하나님의 구원 계획을 끊임없이 방해했으며 지금도 계속되고 있습니다. 원수는 복음의 광채가 사람들의 마음에 비치지 못하도록 매우 다양한 방면에서 수단과 방법을 가리지 않고 역사합니다.

우리는 1세기 당시 바울이 복음의 변질에 대해 지적한 바에 귀를 기울여야 합니다. 복음 안에서 신앙생활하며 그 복음을 전하고자 한다면, 이런 온갖 왜곡과 변질이 난무하는 현실을 가슴 아파해야 합니다. 그리고 바울처럼 복음을 왜곡하는 현실에 힘써 맞서야 합니다.

어떤 극단적인 주장을 말하려는 것이 아닙니다. 다만 성경이 말하는 대로 복음의 변질을 엄격하고 진지하게 다루어야 한다는 것입니다. 사도 베드로의 권면처럼 우리는 근신하고 깨어 있어야 합니다. 대적 마귀는 지금도 우는 사자같이 두루 다니며 삼킬 자를 찾고 있습니다(벧전 5:8). 특히 말씀을 증거하는 목회자가 그 주된 공격 대상입니다.

어떤 사람이 로이드 존스에게 "목사님은 부흥이 가까이 왔다고 생각하지 않으십니까?" 하고 물었습니다. 아마 그는 당시의 상황에서 부흥의 역사가 일어나고 있다고 여길 만큼 뭔가 좋은 현상을 보았던 것 같습니다. 하지만 로이드 존스는 단호하게 대답했습니다. "아닙니다. 그 이유는 우리가 너무 건강해 의원을 찾을 일이 없다고 여기고 있기 때문입니다. 우리가 회복이니 부흥이니 말하지만, 우리 스스로 너무 건강하다고 생각해 의원을 찾지 않고 있는 것, 이게 우리의 현실이 아닌가 싶습니다."[40]

로이드 존스의 말대로 우리는 지금 심히 병들어 있습니다. 사탄의 간계에 빠져 기독교의 중심인 복음에까지 변질과 왜곡을 허용하고 말았기 때문입니다. 우리는 이런 지적을 부정적인 것으로만 생각해서는 안 됩니다. 오히려 이런 상황에서도 스스로 건강하다고 여기는 것이 더 위험합니다. 지금 가장 시급한 일은 우리가 병들어 있음을 깨닫는 것입니다. 그리고 지금의 현실에서 돌이켜 온전하고 순전한 복음을 알기에 힘써야 합니다.

세상 정신이 보여주는 잠시의 달콤함과 허망한 꿈에 자신을 내어 맡기지 마십시오. 하나님은 사탄의 미혹에 속아 복음을 혼잡하게 만드는 일을 결코 기뻐하지 않으십니다. 변질된 복음은 복음이 아니며, 그것을 가르치는 설교자 역시 참된 설교자가 아닙니다. 먼저 자신이 복음의 참된 가치와 영광을 가벼이 여기고 있지는 않은지 진지하게 돌아보십시오. 만약 지금까지 성경이 말하는 복음을 온전히 선포하지 않았다면 하나님께 용서를 구하고, 하나님의 온전한 종으로 쓰임받기를 간절히 소망합니다.

2. 가릴 수 없는 복음의 영광과 부요함

"예수 그리스도의 종 바울은 사도로 부르심을 받아
하나님의 복음을 위하여 택정함을 입었으니
이 복음은 하나님이 선지자들을 통하여 그의 아들에 관하여 성경에 미리 약속하신 것이라
그의 아들에 관하여 말하면 육신으로는 다윗의 혈통에서 나셨고
성결의 영으로는 죽은 자들 가운데서 부활하사 능력으로 하나님의 아들로 선포되셨으니
곧 우리 주 예수 그리스도시니라"

_롬 1:1-4

광대하고 풍성한 복음

복음에는 어떤 것도 더하거나 뺄 필요가 없는 참된 생명과 복됨이 있습니다. 복음은 그저 인간의 마음만 달래는 감미로운 소리가 아닙니다. 또 개인의 사소한 유익을 전하는 메시지도 아닙니다. 바울은 로마서 1장을 통해 복음이 무엇인지 매우 명확하게 정의를 내립니다. 복음은 바로 하나님께서 그리스도 안에서 행하신 객관적인 역사를 근거로 합니다. 즉 하나님께서는 죄인을 구원하기 위한 크고 놀라운 계획을 예수 그리스도의 삶과 죽음, 부활과 승천을 통해 완전히 성취하셨습니다(고전 15:3-5). 그 성취하신 바를 값없이 죄인에게 은혜로 주셨다는 것이 성경이 말하는 복음입니다.

이 복음은 단순히 신자 개인의 구원에 국한되지 않으며, 모든 피조물을 새롭게 하는 전 우주적인 성격을 지닙니다. 실로 복음은 전

인류의 과거와 현재, 미래를 통틀어보아도 견줄 대상이 없는 유일한 기쁨의 소식입니다. 이보다 놀랍고 복되며 영광스러운 소식은 없습니다. 천사들조차 이 복음의 비밀을 함께 알기 원했습니다(벧전 1:12).

어떤 이들은 이 광대한 복음을 그리스도의 십자가만으로 축소하기도 합니다. 복음의 핵심을 십자가와 부활로 축약하는 것을 넘어, 십자가를 언급하지 않으면 복음을 전하는 것이 아니라는 경직된 입장을 취하기까지 합니다. 물론 십자가와 부활은 복음의 핵심입니다. 하지만 복음의 광대함을 그 두 가지만으로 한정할 수는 없습니다. 복음에는 하나님나라가 임해 그리스도 안에서 타락한 인간과 피조세계가 새롭게 되는 일도 포함됩니다. 이처럼 복음은 단순히 한 인간을 죄에서 구원하는 것만이 아니라, 죄로 신음하는 모든 피조물이 회복되는 극적인 변화를 내포하고 있습니다. 따라서 복음을 십자가만으로 지나치게 축약하는 것은 바람직하지 않습니다.

로이드 존스는 복음의 놀라움과 광대함에 대해 말했습니다.

> 복음 자체와 복음이 의미하고 시사하는 모든 것과 관련해 우리가 할 수 있는 일이라고는, 고작 우리가 얼마나 연약하며 아무것도 아닌지를 인정하고, 사도 바울처럼 "크도다 경건의 비밀이여"(딤전 3:16)라고 외치는 것뿐입니다. 복음은 너무나 광대해 우리가 감히 측량할 수 없습니다. 복음의 전제는 인간의 사상과 철학이 도달할 수 있는 최고의 범위마저 초월합니다. 우리는 영원히 복음 그 자체를 완전하

게 이해할 수 없습니다. 그러므로 우리는 복음을 이해할 수 있다거나 복음이 매우 간단한 것이라고 주장할 수 없습니다.[41]

물론 복음을 불가해하다고 여겨서는 안 됩니다. 성경은 우리에게 복음을 소유하고 증거하라고 말하기 때문입니다. 여기서 로이드 존스가 말하는 바는, 아무리 복음을 알고 소유해도 인간의 이성으로는 복음의 실체와 그 내밀한 것을 다 헤아릴 수 없다는 의미입니다. 하나님께서 창세 전에 죄인을 구원하기 위해 세우신 놀라운 구원의 계획 속에서, 친히 육신을 입고 이 땅에 오셔서 구원을 성취하시고 장차 만유를 새롭게 하실 일은 참으로 우리의 이성으로 다 깨달을 수 없는 것입니다. 우리 역시 바울과 로이드 존스처럼 복음의 광대함에 감탄하며 '크고 놀라운 비밀'이라고 말할 수밖에 없습니다.

설교자는 말씀을 전하는 자이기 전에 신자로서 복음의 부요함과 놀라움에 가슴이 벅차올라야 합니다. 물론 이는 억지로 되는 일이 아니며, 스스로 그렇게 할 수도 없습니다. 그러나 성령의 인도하심을 통해, 하나님이 친히 이 땅에 오셔서 죽으시고 부활하심으로 이루신 것이 얼마나 크고 놀라운지 깨닫고 참으로 가슴이 벅차야 합니다. 인류의 구원을 위해 성경대로 그리스도께서 이 땅에 오심으로 하나님이 사람이 되셨고, 죽으시고 부활하셨으며, 궁극적으로 만물을 새롭게 하심으로 영원한 새 하늘과 새 땅을 허락하실 것이라는 이 복음은 세상이 도저히 이해하지 못할 큰 비밀입니다.

그러나 안타깝게도 이 복음을 감정과 정서를 다루는 수준에서 말하는 일이 허다합니다. 감정은 복음에 대한 자연스러운 반응 중 하나지만, 그렇다고 복음을 감동받기 위한 도구로 삼는 것은 그야말로 복음을 이용하는 것입니다. 참된 복음은 신자의 주관적 경험과 감동에 앞서 하나님이 역사에서 행하신 객관적 사실을 선포하는 것입니다. 즉 온 피조 세계에 존재하는 타락한 모든 존재와 그 실상을 완전히 새롭게 하기 위해, 하나님 편에서 계획을 세우시고 친히 이 땅에 오셔서 그 계획을 성취하셨다는 것을 말합니다. 복음은 이처럼 어느 누구도 생각할 수도 이룰 수도 없는 유일무이한 일을, 죄인인 우리와 온 세상의 구원을 위해 하나님께서 그리스도 안에서 행하셨다는 소식입니다.

설교자의 일은 그 광대하고 영광스러운 복음의 실체를 알고 전하는 것입니다. 그런데 이같이 복음의 진수를 깨닫고 그 영광스러움과 복됨을 누리는 일은, 단지 교회에서 오랜 시간을 보낸다고 저절로 이루어지지 않습니다. 지난 기독교 역사에서 복음의 실체를 알지 못하고 그저 기독교의 껍데기만 붙드는 일은 흔하게 있었습니다. 그리고 거기서 복음을 혼란케 하고 성경과 다른 복음을 복음으로 말하는 일이 일어났습니다.

그들은 믿음의 선배들이 제시한 '다섯 개의 오직'(Five Solas)을 이해하지 못하고 있음이 분명합니다. 그 각각에 왜 '오직'(*sola*)이라는 수식어를 붙였는지 모르는 것입니다. 사실 복음의 본질적인 내용과 관련된 '다섯 개의 오직'에 근본적으로 동의하고 확신하지 못하면 결국에는 복음을 혼잡하게 하려는 시도를 하게 됩니다. 그리고 자신이 변질시킨 복음만 붙들면서 그릇된 확신을 갖게 됩니다.

인간은 스스로 어떠한 구원의 길도 발견할 수 없고, 진정한 내면의 변화 역시 이룰 수 없음을 성경의 증언을 통해 확신하지 못하면, 하나님께서 그리스도 안에서 이루신 복음은 결코 기쁜 소식이 되지 못합니다. 사실 복음은 자신이 어떤 존재인지를 말씀이 말하는 대로 정확하게 직면할 때 비로소 복음으로 여겨지게 됩니다.

초대교회 시대부터 지금까지 하나님께서는 오직 복음을 통해서만 생명과 구원의 역사를 일으키셨습니다. 이는 지금도 전혀 변함이 없습니다. 하나님께서는 오늘도 복음을 통해 모든 믿는 자에게 구원을 허락하십니다. 이것은 이방인의 수가 차고, 그리스도께서 다시 오실 때까지 계속될 것입니다. 사역자라면 이 사실에 대한 확고한 믿음이 있어야 합니다. 그리고 어떠한 주저함도 없이 자신이 믿는 구원의 기쁜 소식을 담대하게 전해야 합니다.

복음의 실체를 아는 사역자로

혼잡한 복음에 마음을 빼앗기지 않으려면 참된 복음이 무엇인지 명확하게 알아야 합니다. 특히 복음의 가치와 영광스러움, 유일함과 특별함을 절실하게 알아가야 합니다. 그러나 안타깝게도 많은 사역자가 복음을 제대로 이해하지 못한 채 설교하고 있습니다. 목회를 시작하고 한참이 지나도록 복음의 실체를 온전히 경험하지 못하는 경우가 많다는 것입니다. 최근 출간된 어떤 책에서, 저자는 신학교 제자들에게 자신이 복음에 대해 쓴 글 몇 장을 읽어주었더니, 한 학생이 눈물을 글썽이며 자신의 고민이 해결되었다고 말하는 장면을 소개합니다. 이처럼 사역자로 섬기기 위해 자원해서 신학교에 입학했으면서도, 실제로는 온전히 복음을 이해하지 못하는 사람들이 있습니다. 그리고 실제로 어떤 목사들은 상담 중에 자신이 언제까지 또는 얼마 전까지 복음을 알지 못했다는 고백을 했다고도 말했습니다.

그리스도의 승천 이후 제자들이 성령을 받고 전한 설교의 핵심은, 하나님께서 예수 그리스도의 죽으심과 부활을 통해 구약의 족장들과 선지자들에게 주신 약속을 성취하셨다는 것이었습니다. 죄인을 구원하기 위한 하나님의 오랜 약속과 예언이 마침내 역사에서 성취되었다는 것입니다. 제자들은 성령의 조명으로 이 사실에 눈을 떴고 복음을 더욱 확고히 알게 되었습니다.

아마 사복음서가 말하고 사도들이 서신서에서 증언한 이러한 '복음의 지식'을 모르는 목회자는 없을 것입니다. 그럼에도 복음을 축소하고 왜곡하는 것은 물론, 복음을 온전히 소유해 전하지 못하는 이유는 무엇일까요? 그것은 다름 아니라 복음을 단순한 지식으로 여길 뿐, 진정 기쁜 소식으로 알지 못하고 있기 때문입니다. 복음의 참된 가치를 모르고 도리어 부족하다고 여기면, 동일한 지식을 전달하더라도 전하는 초점에서 결정적 차이를 드러내게 됩니다. 복음의 실체를 모르는 사람은 메시지의 초점을 그리스도가 아닌 인간에게 맞추려고 합니다. 이것이 참된 목회자와 거짓된 설교자를 판단하는 시금석입니다. 이 초점의 차이는 언뜻 보기에 대수롭지 않은 것 같지만, 어떤 목회자가 복음을 혼잡케 하는지 아닌지를 판가름해주는 매우 중요한 요소입니다.

인간이 아닌 그리스도에게만 초점을 맞추는 것은 저절로 되지 않습니다. 이를 위해서는 말씀을 통해 복음의 내용을 분명히 알아야 할 뿐 아니라, 자신이 처한 모든 상황에서 기꺼이 영적 싸움을 해야 합니다. 우리는 시시때때로 그리스도께 초점 맞추는 것을 기피하려는 유혹과 위협에서 자신을 지켜내야만 합니다. 가령 교인 중 한 사람이 당신이 전하는 메시지의 초점에 반대해 교회를 떠난다고 생각해보십시오. 그래도 끝까지 그 중심을 그리스도께 두고 복음을 전하는 것은, 오직 복음을 진실로 알아 그 생명과 능력을 맛본 자가 아니면 할 수 없습니다.

그런데 어떤 사람은 자신이 인간에게 초점을 맞추어 사역하고 있음을 깨닫지 못한 채, 성도들을 그리스도에게서 멀어지게 하기도 합니다. 회개의 체험을 중시하는 사람들이 대표적입니다. 특히 겉으로는 하나님의 역사처럼 보여도, 실제로는 그 초점이 그리스도가 아닌 인간에게 맞춰져 있는 경우가 많습니다.

복음은 회심해 신자가 되는 방법론을 가르치는 메시지가 아닙니다. "회심을 일으키는 것은 그리스도에 대한 메시지" 곧 복음입니다.[42] 이를 확고히 믿어 복음을 단순한 이론이 아닌 삶에서 실제로 경험하는 지식으로 소유할 때 비로소 복음을 안다고 할 수 있습니다.

참된 복음이 선포되었을 때 나타나는 현상을 지식적으로 아는 것과 복음을 아는 것은 다릅니다. 아무리 바른 복음을 추구하고 복음으로 인한 역사를 안다 해도, 정작 초점을 인간에게 맞춘 채 그리스도의 구속을 죄에 대한 유일한 해결책으로 확고히 믿지 않는다면, 복음을 아는 것이 아닙니다. 다만 자신이 배운 지식에 익숙해진 나머지 복음을 알고 있다고 스스로 착각하고 있는 것입니다.

우리는 종종 이 둘을 구분하지 못하지만, 그럼에도 '지식적으로 알고 있는 것'과 '실체를 소유하는 것' 사이에는 엄연한 차이가 존재합니다. 만일 어떤 사람이 개혁주의와 청교도를 공부한 사실만으로 자신이 개혁주의자요 청교도가 되었다고 생각한다면 그 차이를 착각하고 있는 것입니다.

영국 유학 중 청교도에 대해 논문을 쓸 때 경험한 일입니다. 논문을 쓰기 위해 청교도들의 저서를 읽다 깊은 절망감을 느껴 책을 덮었습니다. 나는 책을 읽으면서 그 책을 쓴 청교도와 나 자신의 매우 큰 차이를 깨닫게 되었습니다. '도대체 이들은 어떻게 하나님을 이렇게도 깊고 부요하게 말할 수 있을까? 어떻게 나와 똑같은 성경을 보면서도 성경에 기록된 하나님을 이처럼 부요하게 알고 말할 수 있다는 말인가?' 처음에는 그들의 귀한 저작들과 습득한 지식을 한국에 와서 활용할 생각을 했으나, 이내 그런 마음을 포기할 수밖에 없었습니다. 많은 지식이 있더라도 청교도들이 말씀을 통해 자신의 삶에서 발견한 그 하나님에 대한 진정한 이해가 없으면 나는 정말 쓸모없는 사람이고, 그들의 저작에 대한 지식도 별로 유익하지 않을 것이라는 생각이 들었기 때문입니다.

복음을 이 세상 어떤 보화와도 바꿀 수 없는 엄청난 가치를 지닌 것으로 알고 소유하는 것도 그와 똑같은 문제입니다. 복음의 실체를 단순한 지식 수준을 넘어 경험적으로 알지 못하면, 모세의 율법과 선지자들의 글과 시편의 말씀이 모두 죄인을 구원하기 위해 이 땅에 오신 그리스도에 대해 말하고 있다는 사실을 확신 있게 말하지 못할 것입니다.

지금 곧 성경을 펼쳐 성경 전체가 증언하는 바, 곧 그리스도 안에 있는 구원의 의미를 아는지 확인해보십시오. 실로 복음은 전 우주의 역사를 송두리째 뒤바꿔 놓았습니다. 이는 모든 피조물의 과거와 현재와 미래를 완전히 바꾼 전무후무한 사건을 말하고 있습니다. 구원의 모든 내용이 바로 이 복음에 고스란히 담겨 있는 것입니다. 그것을 알고 있는지 스스로 확인해보십시오.

복음만이 유일한 해답이다

복음보다 중요한 것은 없습니다. 또 우리의 구원과 영혼의 참된 치유는 오직 복음으로만 가능합니다. 아무 소망도 찾을 수 없는 타락한 세상과 죄에 찌들어 앞을 보지 못하고 멸망을 향해 가는 인간에게 복음보다 필요한 것은 없습니다. 죄의 문제에 대해 하나님이 내놓으신 유일한 해답이 바로 복음이기 때문입니다.

로이드 존스는 현실에 복음이 필요하다고 진단했습니다.

> 젊은이들이 길거리나 극장 혹은 책이나 잡지를 통해 접하는 죄의

달콤한 유혹에 면역성을 갖게 하는 환상적인 예방 접종이 있을까요? 과연 그들을 유혹으로부터 완벽하게 보호할 수 있을까요? 자신의 죄를 지적하는 양심으로 인해 고통스러워하며, 스스로 실패한 죄인이라는 사실을 뼈저리게 깨달은 사람을 치료할 수 있는 놀라운 약이 존재할까요? 마시기만 하면 연약한 의지를 강하게 만들어주고 변화시켜 자신을 공격하는 원수를 완전히 제압하게 만드는 강장제가 이 세상에 있을까요? 임종의 순간에 자신의 죄를 깨닫고는 영원한 재판장이신 하나님 만나기가 두려워 떠는 사람에게 평안을 줄 수 있는 약이 과연 있습니까? … 청소년 범죄, 음주와 도박, 부도덕, 이혼으로 이어지는 배우자에 대한 부정행위 등 이 모든 죄악이 얼마나 증가했는지 보십시오. 우리는 이 질문의 답을 알 수 있습니다. 대부분의 국가에서는 사람들의 도덕적 기준뿐 아니라 도덕성 자체가 현저하게 낮아졌습니다. 섹스에 중독된 사람이 늘어났으며, 오직 쾌락과 외적인 즐거움만을 추구하며 살아가려는 경향이 증가했습니다. 현대 사회는 현실적으로 절망적인 질병에 걸려 있으며, 사람들은 아마도 과거 그 어느 시대보다 더 불행하게 살고 있는 듯합니다.[43]

그리고 뒤이어 복음에 대한 자신의 확신을 피력했습니다.

이러한 인간의 질병을 치료할 수 있는 방법은 오직 한 가지뿐입니다. 양심이 죄를 자각할 때도 내게 안식과 평안을 줄 수 있는 그 한 가지 방법을 나는 알고 있습니다. 그것은 바로 하나님의 아들이시요 친히 나무에 달려 그 몸으로 내 죄를 담당하신 나사렛 예수께서 나를 용서하셨다는 사실을 아는 것입니다. 그리고 주님께서 나를 사랑하실 뿐 아니라 나를 위해서 죽으셨기 때문에, 이제 내게 정죄함이 없음을 믿고 아는 것입니다. 또 나는 연약하고 실패했으며, 내게는 이름에 걸맞게 살 능력이 없음을 깨닫고 주님께 다시 돌아가는 것입니다. 오직 주님과 주님께서 보내신 성령의 능력을 통해서만 내가 넉넉히 이길 수 있는 것입니다. 내가 죽는 순간에 나를 만드신 영원한 재판장께 나아갈 것을 묵상할 때 내 유일한 소망은, 예수 그리스도의 의를 옷 입은 나를 주님께서 그 손으로 받으시고 "그 영광 앞에 흠이 없이 기쁨으로 서게"(유 1:24) 하시는 것입니다. … 내가 가지고 있는 문제도 오직 주님 안에서만 해결됩니다. 온갖 방법을 다 동원하더라도 세상은 내가 가장 필요로 할 때 아무런 도움도 주지 못합니다. 그러나 … 주님은 여전히 모든 사람에게 유일한 소망이 되십니다. 그리고 온 세상에 유일한 소망이십니다.[44]

로이드 존스의 말처럼 복음은 이 시대에도 여전히 유효한 해답이요, 인간의 모든 문제를 해결할 수 있는 유일한 방법입니다. 당신에게도 영혼을 구원하시는 하나님의 능력이 나타나는 복음에 대한 이러한 확신이 있습니까? 진실로 죄로 인한 인간의 모든 문제의 해답은 바로 그리스도 안에 있습니다. 이 사실을 설교자는 확신해야 합니다.

복음을 통한
하나님의 역사를 기대하라

또 한 가지 절실한 것은 구원의 능력이 되는 복음을 통해 일하시는 하나님의 역사를 믿고 기대하는 것입니다. 복음은 구원 얻는 자들에게 하나님의 능력입니다. 이 복음의 능력을 조금도 의심하지 마십시오. 복음만이 흑암의 나라에 속해 사탄의 권세 아래 있는 인간을 구원하는 유일한 것임을 신뢰하십시오.

특히 설교자는 복음이 한 영혼의 생명을 좌우하는 것임을 진지하게 믿어야 합니다. 혹시라도 강단에서 복음을 말장난의 주제나 유희거리로 삼아서는 안 됩니다. 복음을 전하는 강단에서 유희와 농담을 일삼고 단순히 사람들을 웃기려는 것 자체가 하나님 앞에서 경솔한 것이요, 자신의 직분을 남용하는 것입니다.

강단은 실로 영광스럽고 진중한 자리입니다. 설교자는 강단에 서서 홀로 말하고, 예배당에 있는 모든 사람이 그 말씀을 듣습니다. 이것이 성경이 말하는 기본적인 말씀 선포의 방법입니다. 그러나 반드시 기억해야 할 것은, 구약의 선지자들은 하나님의 말씀을 전하는 자이기 전에 듣는 자였다는 점입니다. 하나님의 참된 선지자로 세워진 사람들은 모두 그분의 말씀을 온전히 들을 줄 아는 사람이었습니다. 이러한 하나님의 방법은 오늘날의 설교 강단에도 그대로 나타납니다.

강단의 권위는 결코 설교자의 카리스마나 유머로 세워지지 않습니다. 설교자가 겸손히 하나님 앞에 엎드려 말씀을 청종하며 설교를 준비할 때, 하나님께서 자신의 권위를 설교자에게 주시고, 영광스러운 복음을 선포하는 가운데 자신의 임재와 역사를 나타내십니다. 그러면 성도들은 하나님께서 설교자에게 주신 권위에 순복해 그 전하는 말씀을 듣고 반응하게 됩니다.

그런데 최근에는 포스트모더니즘의 영향을 받아 하나님께서 정하신 복음 선포의 방식을 뒤바꾸려는 시도가 나타나고 있습니다. 예배에 참석한 회중이 각자 성령의 감동에 의해 느꼈다고 생각하는 것을 함께 나누어야 한다고 말합니다. 하지만 모든 회중을 설교자로 세우는 것은 성경에 없는 이야기입니다. 이것은 그저 시대의 사조를 따라 강단의 권위를 훼손하는 행위에 불과합니다. 강단은 하나님께서 일하시는 곳입니다. 이 사실을 설교자부터 인식해야 합니다. 그것을 잊고 회중의 취향에 맞춰 온갖 유희를 일삼는 것은 하나님께서 설교자와 강단에 두신 권위를 스스로 무너뜨리는 것입니다. 비록 오늘날 수많은 목회자가 값싼 이야기와 거짓된 복음으로 강단의 권위를 무너뜨리고 있지만, 그렇다고 하나님께서 이제까지 행하신 방식이 사라지는 것은 아닙니다. 하나님을 참되게 경외하고 말씀을 청종하는 참된 설교자를 통해 말씀을 듣도록 하신 하나님의 방식은, 주님이 다시 오실 때까지 계속될 것입니다.

그러므로 설교자는 자신이 선 강단의 권위를 기억하고 하나님 앞에 겸비할 뿐 아니라, 복음을 통해 하나님께서 반드시 역사하실 것을 확신하며 말씀을 선포해야 합니다. 가망 없는 죄인을 흑암의 권세에서 건져내는 복음은 그것을 전하는 곳마다 사람을 살리고 구원하는 능력을 드러낼 것입니다. 강단은 특히 그 능력이 공적으로 더욱 크게 나타나는 자리입니다. 지난 교회사에서 있었던 생명의 역사와 영적 각성은 모두 그것을 확고히 보여주는 사례입니다. 그러므로 하나님의 권위와 이름으로 복음을 전하는 강단을 귀하게 여기십시오. 그리고 겸허히 그 자리에 서십시오.

바울이 전한 복음의 구조

로마서 1장 16절 말씀처럼 복음은 모든 믿는 자에게 구원을 주시는 능력이 됩니다. 우리는 이렇게 말씀을 통해 역사하실 하나님을 믿고 더욱 순전하게 복음을 전해야 합니다. 그런데 바울은 두서없이 복음을 전하지 않고 분명한 구조를 따라 전했습니다. 목회자는 말씀을 전할 때 바울의 구조와 방식을 따를 필요가 있습니다. 비록 바울이 로마서에서 말하는 복음에 대한 설명과 구조가 복음 전체를 모두 대변하지는 않더라도, 우리는 여기서 복음 선포의 기초적인 틀을 발견할 수 있습니다.

로마서에서 볼 수 있는 복음 선포의 구조는 크게 세 가지로 축약됩니다. 첫 번째는 로마서 1장 18절 이하에 드러난 인간의 전적 타락과 무능입니다. 복음을 전할 때 가장 먼저 말해야 하는 것이 바로 하나님의 진노 아래 놓인 인간의 조건입니다. 설교자는 어느 누구도 하나님 앞에서 자신의 죄에 대한 책망을 피할 수 없음을 확고하게 선포해야 합니다. 그래야 뒤따르는 복음의 내용을 정확하고 풍성하게 전할 수 있습니다.

두 번째는 전적으로 타락한 인간을 구원하기 위해 내놓으신 하나님의 해결책입니다. 그것은 바로 하나님의 독생자 예수 그리스도께서 우리 죄를 지심으로 죽으시고 부활하셨다는 것, 그래서 죄인이 죄에서 놓임받고 그분 안에서 영원한 생명을 소유하게 되었다는 것입니다. 이 사실을 진정으로 깨달은 설교자라면 이 놀라운 은혜의 역사를 결코 지루하게 전할 수 없을 것입니다. 그리스도로 말미암은 구원의 역사와 실체는 말씀을 전하는 자에게 항상 새롭게 다가와야 하며, 마르지 않는 구원의 샘이 되어야 합니다. 하나님의 무한한 은혜를 실제적으로 아는 자라면 결코 이 구원의 비밀을 무미건조하게 전하지 않을 것입니다. 만약 목회자가 그리스도의 십자가와 부활에 대해 냉담해지고 권태로움을 느끼게 되었다면, 설교자로서 그의 수명은 다한 것입니다.

마지막으로 위의 두 가지에 반드시 덧붙여야 할 내용은 앞서 말한 복음에 대한 우리의 반응입니다. 설교자는 그토록 놀라운 하나님의 구원 역사에 우리가 어떻게 포함될 수 있는지를 함께 전해야 합니다. 성경이 제시하는 유일한 방법은 예수 그리스도를 믿음으로 그분과 연합해 그 죽음과 부활에 동참하는 것입니다. 사실 이것은 하나님께서 그리스도 안에서 행하신 객관적인 사역에 해당하는 복음 그 자체는 아니지만 그와 더불어 반드시 함께 전해야 할 내용입니다.

바울이 어떻게 복음을 전했는지 기억하십시오. 그는 인간이 어떤 조건에 있는지, 하나님께서 인간을 위해 어떠한 해결책을 내놓으셨는지, 그리고 하나님의 은혜에 인간이 어떻게 반응해야 하는지를 함께 전했습니다. 이 세 가지를 함께 전하지 않고 각각을 분리해 인위적 회심을 유도하거나 인간적 차원의 봉사와 섬김만 강조하면, 구원의 초점을 인간에게 두게 되어 결국에는 율법주의로 흘러가게 됩니다.

참된 성령의 능력은 복음을 전할 때만 나타납니다. 그리고 이 성령의 능력으로 구원의 역사가 일어납니다. 이처럼 우리는 무엇을 해야 하는지에 앞서 하나님께서 그의 아들 그리스도 안에서 무엇을 행하셨는지를 전해야 할 것입니다.

골즈워디는 "복음은 거룩하시고 공의로우신 하나님께서 어떻게 죄인을 의롭다 하시고 받아들이시는가 하는 그분의 문제를 다루는 것이다"[45]라고 말했습니다. 그의 말대로 복음은 인간이 어떻게 자신의 죄를 해결할 수 있는지에 대해 말하지 않습니다. 반대로 하나님께서 죄인을 위해 무엇을 행하셨고, 그 죄인을 어떻게 받아들이시는지를 말하고 있습니다. 이를 온전히 알고 전하는 것이 바로 복음을 전하는 것입니다.

하지만 많은 사역자가 복음에 반응하지 않는 현실에 답답해하며 순전한 복음을 기피하고 인간 측면에서의 반응과 행위를 강조합니다. 이는 사역자들이 매우 쉽게 빠지는 함정입니다. 우리는 하나님께서 복음을 통해 역사하실 것을 믿고 순전하게 복음을 전하는 데 힘써야 합니다. 골즈워디의 말대로 복음은 인간이 아닌 하나님의 일을 전하는 것이기 때문입니다.

그러므로 우리는 죄인을 위해 하나님께서 무엇을 행하셨는지 선포하는 복음에 대해 풍성히 알기를 소망해야 합니다. 또 그 복음에서 가슴 벅찬 감동과 감격을 경험해야 합니다. 이를 하나님께 힘써 구하십시오. 말로 다 형용할 수 없는 하나님의 은혜를 생각할 때마다 심령이 뜨거워지고, 결코 마르지 않는 샘에서 생명의 생수를 길어 말씀을 듣는 이들에게도 전할 수 있기를 구하십시오. 설교자는 바로 이러한 목적을 위해 하나님의 부르심을 받은 것입니다.

복음이 선포될 때의 두 가지 반응

복음에 대한 풍성한 이해와 뜨거운 가슴으로 말씀을 전할 때 듣는 이들에게 두 가지 반응이 나타납니다. 어떤 이들에게는 성경이 말하는 복음의 능력이 실제로 나타나, 진심 어린 회개와 긍정적인 반응을 이끌어냅니다. 구원을 주시는 하나님의 능력을 의지해 진실하게 복음을 전하면 이처럼 반드시 하나님의 역사가 나타납니다. 이것은 초대교회가 세워진 후 지금까지 계속해서 증명된 분명한 사실입니다. 우리는 이 사실을 굳게 믿고 그리스도 안에서 승리한 복음, 곧 영혼을 살리는 복음을 전해야 합니다. 혹 당장의 반응을 볼 수 없더라도 변질된 복음에 눈길을 주지 말고 끝까지 순전한 복음을 전해야 합니다.

반면 어떤 이들은 복음에 부정적으로 반응합니다. 사실 이런 반응이 좀 더 일반적입니다. 열정적인 사역자들은 자신이 감격스레 깨닫게 된 복음을 전하면 듣는 사람도 자신처럼 빨리 반응할 것이라고 생각하지만, 실제로는 그렇지 않은 경우가 훨씬 많습니다. 오히려 순전한 복음을 전했기 때문에 전에는 볼 수 없던 부정적이고 적대적인 반응을 경험하곤 합니다.

이에 대해 호튼은 "종교를 개인생활을 개선해주고 더 나은 사람이 되게 해주는 심리치료로 취급하라. 그러면 그 나름대로 중요한 자리를 차지할 것이다. 그러나 종교를 공공연하게 드러난 진리, 곧 온 세상에 전해진 좋은 소식으로 다루어보라. 그러면 엄청난 반격을 받을 것이다"[46]라고 말했습니다. 그의 말대로 참된 복음을 전하면 왜곡된 복음 가운데 형성된 자신의 신앙을 내려놓아야 하기 때문에, 사람들은 그런 자신을 지키려고 방어적인 것을 넘어 공격적인 태도를 취합니다. 어떤 사람은 그것을 끝내 견디지 못해 교회를 떠나기도 합니다.

이처럼 순전한 복음은 사람들에게 인기가 없습니다. 심지어 스스로 믿음이 있다고 하는 사람들에게도 마찬가지입니다. 순전한 복음은 뭔가 불편하다고 생각합니다. 대신 자신에게 맞춘 거짓된 복음을 더 편안하게 생각합니다.

설사 사람들의 반응이 그렇다 해도 하나님의 역사를 믿고 순전하게 복음을 전하는 일은 결코 헛되지 않습니다. 그 길은 우리 구주 예수 그리스도께서 걸어가신 길이며, 그의 뒤를 따른 사도들과 신실한 믿음의 선배들이 한결같이 걸은 길입니다. 그러므로 설령 회중이 냉담하게 반응하더라도 결코 실망할 필요가 없습니다. 오직 우리가 해야 할 일은 그리스도를 따라 순전한 복음을 전하는 것입니다.

복음에 의해 일어나는 하나님의 역사, 곧 한 영혼의 구원을 반드시 보리라는 확신과 기대를 끝까지 잃지 말고 순전하게 복음을 전하십시오. 우리가 간절히 품어야 하는 열망은 단순히 교회가 커지고 사람의 수가 늘어나는 데 있지 않습니다. 우리는 그저 우리가 전하는 복음을 통해 하나님께서 역사하시리라는 강한 확신과 소망을 가지고 오직 불순물 없는 복음을 전하는 데 사력을 다해야 합니다.

아무리 변질된 복음이 현실을 휘어잡고 있는 것처럼 보여도, 여전히 이 땅 곳곳에는 순전한 복음에 목마른 사람들이 있습니다. 지금도 하나님은 그런 사람들을 구원하기 원하십니다. 그래서 그들에게 복음을 전할 진실한 종을 찾으십니다.

하나님께서 복음을 통해 지금껏 일해 오셨다는 것을 기억하십시오. 그리고 하나님께서 역사하실 것을 확신하고 기대하며 순전하게 복음을 전하십시오. 섣불리 우리 입장에서 무엇을 할 것인지를 말하지 말고 복음이 말하는 바, 곧 하나님께서 우리를 위해 무엇을 하셨는지 확고하게 선포하십시오.

메이첸이 던진 질문은 설교자로서 무엇을 전해야 하는지를 분명하게 말해줍니다.

> 내게 가장 필요한 것은 권면이 아니라 복음이다. 나를 구원할 수 있는 방향이 아니라, 하나님이 어떻게 나를 구원하셨는지를 아는 지식이다. 당신에게 복음이 있는가? 나는 이것을 당신에게 묻는다. 당신이 주는 권면은 나를 도울 수 없을 것이다. 그러나 나를 구원하기 위해 어떤 일이 행해졌다면 그 사실을 내게 말해주지 않겠는가? 정말 우리를 구원하기 위해 하나님이 행하신 일이 있다면 그 사실을 내게 말해주지 않겠는가?[47]

이 같은 메이첸의 질문에 우리 모두 분명히 답할 수 있기를 소망합니다. 성경이 말하는 그 온전하고 풍성한 복음으로 말입니다.

"너는 진리의 말씀을 옳게 분별하며
부끄러울 것이 없는 일꾼으로 인정된 자로
자신을 하나님 앞에 드리기를 힘쓰라"

_ 디모데후서 2장 15절

뜨거운 심장으로
다시 '오직'(sola)을 회복하라

Sola Scriptura
Sola Gratia
Sola Fide
Solus Christus
Soli Deo Gloria

Part 3
헛된 복음

GOSPEL

1. 복음을 헛되게 만드는 뼈아픈 현실

"그리스도께서 나를 보내심은 세례를 베풀게 하려 하심이 아니요
오직 복음을 전하게 하려 하심이로되 말의 지혜로 하지 아니함은
그리스도의 십자가가 헛되지 않게 하려 함이라"

_고전 1:17

복음의 능력을 가리는 말의 지혜

교회사에서 '능력' 혹은 '권능'은 많은 사람의 이목을 끄는 주제였지만, 한편으로는 많은 오해가 발생하기도 했습니다. 성경이 말하지 않는 잘못된 능력을 갈구하는 사람들이 있었기 때문입니다. 여기서는 복음과 연결해 오늘날 만연하고 있는 능력에 대한 그릇된 이해와 추구의 문제를 살펴보고자 합니다. 먼저 복음을 헛되게 만드는 여러 현상에 어떤 문제가 있는지 짚어보겠습니다.

고린도교회에는 복음에 나타난 하나님의 능력만으로는 만족하지 못하는 사람들이 있었습니다. 그래서 그들은 '말의 지혜'로 대표되는 또 다른 능력을 함께 갖고자 했습니다. 여기서 말의 지혜는 당시 세상의 강함과 능력을 의미했습니다. 고린도 사람들은 이 헬라의 지혜(*σοφία*)의 탁월함과 능력을 매우 가치 있게 여겼습니다. 고린도교

회 사람 중 일부도 이에 영향을 받아, 이 지혜를 복음 전도에 사용하는 것이 효과적이라고 생각했습니다.

바울도 이런 상황을 의식해 헬라의 지혜를 "지혜 있는 자들의 지혜"와 "총명한 자들의 총명"으로 묘사했고(고전 1:19), 이를 유대인의 표적에 상응하는 것으로 언급했습니다(고전 1:22). 바울이 이토록 비중 있게 다룰 만큼, 고린도 사람들이 지혜를 의지하는 정도는 상당했습니다. 그들은 세상의 지혜를 통해 실제로 어떠한 능력이 나타날 것을 기대했던 것입니다.

고린도전서 2장 1절은 "말과 지혜의 아름다운 것"이라는 표현을 통해, 당시 사람들이 헬라의 지혜를 어떻게 인식했는지 말해주고 있습니다. 여기서도 지혜는 우월함과 탁월함을 의미하는 '아름다운 것'이라는 단어로 표현될 정도로 가치를 인정받고 있었습니다. 고린도 교인들 역시 지혜가 복음을 더욱 설득력 있게 만들어줄 것이라고 믿고 있었습니다(참조. 고전 2:4). 오늘날의 교회에서 흔히 찾아볼 수 있는 실용주의적 관점이 바울이 사역하던 시대에도 이미 있었던 것입니다.

고린도 교인들은 여기서 그치지 않고 좀 더 특별하고 우월한 은사를 추구했습니다. 본래 하나님께서는 교회의 지체들에게 합당한 은사를 각각 선물로 주셨습니다. 이에 따라 교회에는 사도와 선지자, 교사, 능력 행하는 자, 병 고치는 은사를 가진 자, 서로 돕고 다스리는 일을 하는 자, 방언을 말하는 자 등이 세워졌습니다(고전 12:28). 그런데 고린도 교인들은 각자에게 주신 하나님의 선물인 은사의 우열을 가리면서 서로 비교하고, 더 나아가 좀 더 우월해 보이는 은사로 어떤 것들을 말하며 추구하기 시작했습니다. 많은 은사를 선물로 받은 고린도교회였지만 정작 그들은 하나님께서 기뻐하시지 않는 모습을 드러냈습니다.

왜 이런 일이 생겼을까요? 바울이 고린도전서 1장과 2장에 언급한 것처럼 고린도 교인들이 복음만으로는 부족하다고 여겼기 때문입니다. 그들은 복음의 능력을 과소평가하는 한편 인간 지혜의 탁월함에 주목했습니다. 그런 생각이 복음의 능력을 얼마나 헛되게 하는지 깨닫지 못한 것입니다.

사도 바울은 이처럼 그릇되게 은사를 이해한 고린도 교인들에게 자신이 어떻게 복음을 전했는지 말하고 있습니다. 그는 당시의 사람들과 달리 말의 지혜를 의지하지 않았습니다. 그리스도의 십자가를 헛되게 하지 않기 위해서였습니다.

여기서 복음의 중요한 특성 한 가지를 발견할 수 있습니다. 복음에 다른 불순물이 섞이면 곧 헛되게 된다는 것입니다. 하나님이 그리스도 안에서 이루신 구원의 사역만으로 충분하다고 여기지 않는 사람들은 그 부족함을 메우기 위해 복음에 다른 것을 뒤섞습니다. 이것이 바로 복음을 헛되게 하는 행동입니다. 하나님은 이런 헛된 복음을 통해서는 결코 참된 역사를 일으키지 않으십니다.

바울이 지적한 고린도교회의 모습은 오늘날 교회에서도 반복되고 있습니다. 지금도 교회에는 복음만으로는 부족하다고 생각하며 자신의 열망을 채워줄 다른 무언가를 찾아 방황하는 사람이 많습니다. 이런 그릇된 갈망이 복음을 헛되게 만든다는 것을 모르는 것도 문제지만, 더욱 심각한 것은 수많은 사역자가 이 일을 앞다투어 벌이고 있다는 것입니다. 이런 모습은 교회 곳곳에서 정말 다양하게 나타나고 있기에 일일이 다 나열할 수도 없습니다.

그러나 그중에서도 오늘날 많은 사람의 이목을 끌면서 두드러지게 나타나는 운동을 꼽는다면 20세기 초부터 시작된 오순절 운동, 그 뒤를 이은 은사주의 운동, 제3의 물결 운동, 신사도 운동 등이 있습니다. 이러한 운동은 복음의 능력이 아닌 말의 지혜에 해당하는 일종의 능력을 추구해 복음을 헛되게 하고 있습니다. 이 운동의 계보 가운데 가장 발전된 형태라 할 수 있는 신사도 운동은 최근 많은 교회에 수용되어 광범위하게 그 영향력을 행사하고 있습니다.

능력을 내세우는
신사도 운동의 실태

신사도 운동에 빠진 사람은 모두 특별한 능력에 매우 목말라 합니다. 그들의 메시지는 대부분 능력에 초점이 맞춰져 있고, 새로운 사도와 선지자를 통해 수많은 예언이 선포되고 각종 능력이 발현되는 것을 마치 진정한 기독교의 면모인 양 강조합니다.

오늘날 한국 교회도 대중의 인기를 끄는 기독교 서적의 저자들을 비롯해 다양한 집회와 운동의 인도자들이 신사도 운동과 깊이 연관되어 있습니다. 이로 인해 많은 사람이 부지불식간에 신사도 운동에서 가르치는 것에 익숙해졌습니다. 예를 들면 '백 투 예루살렘'(Back to Jerusalem) '중보기도운동' '지역귀신론' '영적 도해'(spiritual mapping) 같은 가르침의 배경에는 신사도 운동에서 강조하는 능력의 대결, 즉 능력 나타남이 크게 자리 잡고 있습니다. 각 지역을 담당하는 지역 귀신을 대적해야 그곳의 영혼을 얻을 수 있고 하나님나라가 확장된다는 지역귀신론의 가르침을 아마 한 번쯤은 들어본 적이 있을 것입니다. 이에 따르면 전도할 때는 영적 도해를 그려야 하고, 귀신을 대적하기 위해 기도하면서 귀신의 계략을 파악해야 합니다. 또 필요하다면 땅 밟기를 통해 지역 귀신을 대적해야 한다고 가르칩니다.

얼마 전 사회를 떠들썩하게 만든 '봉은사 땅 밟기' 역시 이러한 운동의 일환입니다. 또 인터콥은 미전도 지역에서 땅 밟기를 하기 위해 사람들을 훈련시킨 후 단기선교사로 파송하는데, 그 파송지가 주로 이슬람권에 집중되어 있습니다. 이들은 이스라엘 정부의 허가도 받지 않고 임의로 땅 밟기 행사를 진행해 물의를 빚기도 했습니다.

이처럼 신사도 운동은 삶과 입술로 복음을 전하는 것보다 땅 밟기나 대적기도 같은 비성경적 행위를 전도의 핵심으로 부각시킵니다. 여기에 빠진 사람들은 이런 행위를 통해 자신은 하나님께 순종하고 그분의 역사에 동참했다고 생각하며 큰 자부심을 느낍니다.

최근 많은 교회가 참여했던 성시화 운동에서도 신사도 운동의 가르침을 쉽게 찾아볼 수 있습니다. 그뿐 아니라 '하나님께서 요엘 또는 예수의 군대를 일으키셔서 각지의 귀신을 대적하고 사탄의 권세를 무찌르실 것'이라는 주장 역시 신사도 운동의 영적 전투론을 따르는 것입니다.

신사도 운동의 본부인 '아이합'(IHOP, 국제기도의 집)은 '24시간 기도의 집'을 세우고, 기도로 헌신하는 자를 '기도 선교사' 혹은 '기도로 섬기는 예수의 군대'라 칭했습니다. '기도로 사탄을 대적하는 예수의 군대' 같은 구호도 이와 연관되어 있습니다. 현재 한국 교회도 이런 신사도 운동의 가르침을 따라 다양한 기도 운동이 일어나고 있는데, 이에 따라 신사도 운동의 저변 역시 점점 확장되고 있습니다.

신사도 운동은 기도라는 행위로 그 운동을 이끌어가고 있습니다. 이는 신사도 운동의 어두운 면을 기독교의 보편적 가치와 행위인 기도로 가린 것입니다. 그러므로 우리는 그들이 표면적으로 강조하는 기도에 초점을 맞추는 대신, 그 기저에 깔려 있는 사상을 면밀히 분별해야 합니다.

또 아이합은 중보기도를 강조하면서, 자신들의 기도를 통해 마지막 시대에 대추수 사역을 돕고 지상명령을 성취해야 한다고 가르칩니다. 그러면서 예루살렘에서 시작된 복음이 지구 한 바퀴를 돌아 다시 예루살렘으로 돌아올 때 비로소 그리스도가 재림하실 것이라는 '백 투 예루살렘' 운동을 주장하기도 합니다. 이처럼 신사도 운동은 성경이 말하는 '땅끝'이 예루살렘이기 때문에, 그리스도의 재림을 앞당기기 위해서는 유대인과 이스라엘의 회복을 위해 기도하면서 예루살렘을 향해 서진(西進)하는 선교를 해야 한다고 주장합니다. 그런데 많은 일선 교회가 이에 영향을 받아 선교 전략을 수립하고 중보기도팀을 세워 선교에 참여하고 있습니다.

한편 신사도 운동을 추구하는 이들 중에는 천국과 지옥을 보았다고 간증하는 사람도 있습니다. 이들은 자신의 체험을 하나님의 특별 계시로 여기며 이를 전하는 것을 사명으로 여깁니다. 이런 천국과 지옥의 개별적 체험을 강조하는 사람 중 토머스 주남(Thomas Choo)의 책은 한국에서도 매우 많이 판매될 정도로 지대한 영향을 끼쳤습니다.

물론 우리는 신자로서 복음 전도에 힘써야 하며, 자신이 속한 지역사회와 국가, 더 나아가 열방에 하나님의 말씀을 전하는 데 관심을 가져야 합니다. 불신자들의 영혼 구원을 위해 뜨겁게 기도도 해야 합니다. 또 하나님나라와 지옥의 실체를 분명하게 선포함으로 사람들을 경성케 하는 것도 우리가 해야 할 일입니다.

그럼에도 신사도 운동의 주장을 수용할 수 없는 이유는 그 기저에 잘못된 신학과 가르침이 있기 때문입니다. 이는 항상 복음의 능력이 아닌 또 다른 능력을 갈구하게 만들어 복음을 희석하며 크게 왜곡하고 있습니다. 이런 신사도 운동의 그릇된 능력 추구는 성경의 진리와 동떨어진 비복음적 경험을 기독교적으로 채색하는 데 크게 일조하고 있습니다.

한편 북미의 신사도 운동가들은 신자들의 열렬한 반응을 종말을 준비하는 부흥의 현상으로 이해합니다. 특히 이들은 영적으로 메마른 교회가 많은 오랜 기독교 국가들을 중심으로 활발하게 활동하고 있습니다. 이미 많은 목회자가 메마른 교회 현실에 대한 반발로 신사도 운동의 열정적 성향에 매료되어 동조하고 있습니다. 하지만 신사도 운동을 따라 교회를 회복하고 부흥시키려는 열정의 실상은, 복음으로 만족하지 못하는 자신의 진심을 표출하는 것에 불과합니다. 그것이 결국은 복음을 헛되게 하는 일임에도, 아직도 많은 사람이 자신이 하고 있는 일의 심각성을 모른 채 거짓된 복음의 달콤함에 취해 있습니다.

거짓된 능력 추구의 기원

오늘날 교회 곳곳에서 벌어지고 있는 능력 추구로 복음이 헛되게 된 일은 갑작스레 발생한 것이 아닙니다. 이는 오랜 시간 사탄이 뿌린 씨앗이 점점 분명한 열매로 드러나고 있는 것입니다. 최근의 현상은 그동안 누적된 이 진리의 왜곡이 더욱 보편화되고 신학적으로도 정립되어 나타나는 것일 뿐입니다.

이러한 현재의 영적 상황과 연관된 신학적 왜곡은 길게는 200여 년, 짧게는 100여 년 전부터 시작되었습니다. 그중에서도 직접적인 연결고리를 말한다면 1901년에 오순절 운동의 시작이 된 어떤 '체험'을 들 수 있겠지만, 여기서는 좀 더 그 기원을 거슬러 올라가 살펴볼 필요가 있습니다.

19세기에 일어난 성결 운동은 웨슬리(John Wesley)의 완전성화론을 기반으로 형성되었습니다. 물론 이들이 고의로 특정한 신학적 오류를 야기하려고 한 것은 전혀 아니었을 것입니다. 하지만 그들의 의도와는 달리 인간의 행위에 더 많은 비중을 두는 추구와 갈망 속에서 체험으로 완전성화에 이르려는 시도는, 결국 신앙의 초점을 하나님에서 인간으로 옮기도록 만들었습니다. 이들의 핵심적인 가르침 중 하나는 회개와 칭의 외에 또 다른 개인적 체험이 있어야 한다는 것인데, 이것은 시간이 지나면서 '제2의 체험'(second blessing) 추구로 보편화되었습니다.

이런 성결 운동의 배경에서 찰스 파럼(Charles Fox Parham)은 사도행전을 연구하는 가운데 성령세례 현상에 주목했습니다. 그는 방언을 성령세례의 중요한 증거로 여기며 이를 추구하는 그룹을 만들었습니다. 1901년 1월 1일 파럼은 학생들과 함께 기도하다가, 한 학생이 이상하게 말하는 것을 들었습니다. 그는 이 광경을 자신이 추구하던 방언이라고 단정 지었고, 그 뒤로 방언을 강조하며 사람들에게 이 방언을 구해야 한다고 가르치기 시작했습니다.

이에 영향 받은 대표적인 사람이 바로 윌리엄 세이모어(William Joseph Seymour)입니다. 그는 시무하던 교회에서 성령세례와 방언을 가르치다 쫓겨났는데, 그 뒤로 로스앤젤레스의 아주사라는 곳에서 기도모임을 만들어 활동했습니다. 그가 인도하는 집회에서는 방언뿐 아니라 여러 특이한 현상이 나타났는데, 사람들이 노래하며 춤을 추고 황홀경에 빠져 몸을 흔들거나 갑자기 소리를 지르기도 했습니다. 세이모어의 추종자들은 이런 기이한 체험이 성령에서 비롯된다고 생각했습니다.

흥미로운 사실은 세이모어의 스승인 파럼이 그 집회에서 나타난 방언은 아무 의미 없는 소리라고 잘라 말했다는 것입니다. 그는 집회에 참석한 사람들이 단지 영적 최면 상태에 빠진 것이라고 보았습니다. 그럼에도 방언을 비롯한 비정상적인 체험 추구는 그치지 않았고, 차후 오순절 운동이 더욱 발전함에 따라 오히려 복음주의에까지 확산되어 지금도 많은 사람이 수용하고 있습니다.

아주사 부흥에서 비롯된 체험 추구

피터 와그너(Peter Wagner)는 자신이 주도하는 신사도 운동의 기원을 1906년의 '아주사 부흥'으로 규정했습니다. 그런데 아주사 부흥의 중심에는 앞서 소개한 세이모어의 비정상적인 체험 추구가 있습니다. 이처럼 신사도 운동은 성경이 말하지 않는 무의미한 체험을 기반으로 시작되었다는 점에서 매우 근원적인 오류가 있습니다. 그럼에도 오늘날의 교회는 신사도 운동의 오류마저도 기독교 신앙의 일부로 자연스럽게 수용하고 있는 형편입니다. 성경의 진리가 아닌 비성경적인 특정 체험으로 온전한 구원을 이룰 수 있다는 거짓 가르침은 지금도 사람들에게 강력한 영향력을 끼치고 있습니다.

한편 아주사 부흥 이후 방언은 점점 성령세례의 가장 확실한 증표로 여겨지기 시작했습니다. 또 제2의 체험을 갈망하던 모든 교회가 방언에 주목하면서 세이모어가 일으킨 방언과 체험 추구는 더욱 그 영향력을 확장했고, 이는 결국 오순절 교단으로 이어져 계속 발전하게 됩니다.

오순절 교단 초기에 있었던 대표적인 운동은 1930~1940년경에 일어난 늦은 비 운동입니다. 이 운동은 사도행전의 배경인 초대교회 시대를 '이른 비'의 시기로, 1906년 아주사 부흥으로 시작된 방언과 체험의 시기를 '늦은 비'의 시기로 규정하면서, 사도와 선지자 직분의 회복을 주장했습니다. 이들에 따르면 회복된 사도와 선지자가 안수할 때 온갖 영적 축복과 은사가 전이되는데, 이와 관련해 계시로서 예언이 회복되어야 한다는 것입니다. 또 방언이나 예언 찬양, 소위 성령의 춤 등을 통해 하나님의 임재가 나타난다고 가르쳤습니다.

하지만 1949년 미국 오순절 교단 총회는 늦은 비 운동의 여러 문제점을 지적하면서 이 운동이 제시한 새 질서를 인정하지 않겠다고 공표했습니다. 그럼에도 부흥(?)을 일으키는 데 효과적이라는 이유로 늦은 비 운동의 그릇된 성령 체험 추구는 그 뒤로도 계속되었습니다.

이처럼 오순절 운동과 그 후 거기서 파생된 운동들은 근본적으로 주관적 체험에 크게 비중을 두었습니다. 문제는 성경의 진리가 아닌 체험에 더 많은 가치와 비중을 두면, 인간의 주관에 따른 오류를 더는 막을 방법이 없다는 것입니다. 개인의 체험이 옳은지 그른지 판단할 수 있는 기준 자체가 없기 때문에, 주관성에서 비롯된 근본적 오류는 쉽게 제어되지 않습니다. 이는 결국 수많은 신학적 오류와 그릇된 추구를 야기하게 됩니다.

뒤이어 1950~1960년대에 은사주의 운동(Charismatic Movement)이 오순절 운동의 배경에서 일어났습니다. 흔히 은사주의 운동과 오순절 운동을 동일한 것으로 이해하지만, 역사적으로 이 둘은 분명히 구분되어 있습니다. 은사주의 운동은 오순절 운동을 비판하면서 나타났습니다. 은사주의자들은 이전보다 더 강력한 체험을 추구하며 방언뿐 아니라 축귀나 치유의 은사 등을 강조했습니다.

문제는 은사주의자들이 전도와 선교에서 이런 은사가 복음보다 더 가치 있고 능력 있는 효과를 일으킨다고 생각한다는 점입니다. 이는 전도의 미련한 것으로 구원하기를 원하시는(고전 1:21) 하나님의 뜻에 부합하지 않습니다. 그럼에도 은사주의 운동은 복음을 하찮게 여김으로 언제든 실용주의의 함정에 빠질 수 있는 위험성을 내포하게 되었습니다. 그뿐 아니라 주관적 체험을 강조한다는 점에서 오순절 운동의 수많은 신학적 오류 또한 똑같이 지니고 있습니다.

제3의 물결과 존 윔버

그 후 1970년에 시작된 제3의 물결 운동에서는, 그간 오순절 계통의 운동에서 나타난 오류가 더욱 구체적인 이론으로 드러나게 됩니다. 피터 와그너는 1901년에 시작된 오순절 운동을 '제1의 물결', 1960년대에 시작된 은사주의 운동을 '제2의 물결'이라고 규정한 뒤, 1970년대에 시작된 새로운 운동을 '제3의 물결'이라고 소개했습니다. 제3의 물결 운동은 이전보다 더욱 강력한 은사를 추구했는데 기적적인 치유, 사탄의 권세를 대항하는 것, 직통 계시, 예언, 온갖 표적과 기사 등을 강조했습니다.

이 새로운 운동을 주도한 사람으로는 존 윔버(John Wimber)를 꼽을 수 있습니다. 그는 빈야드 운동(Vineyard Movement) 혹은 토론토 축복(Toronto Blessing)의 영향을 받아 자신의 이론을 정립했습니다. 그러나 빈야드 운동은 짐승처럼 울부짖거나 이유 없이 박장대소하는 행동까지도 성령의 역사로 간주하는 등 매우 심각한 신학적 오류가 있었기에, 이를 바탕으로 하는 윔버의 가르침 역시 수많은 오류와 문제점을 드러낼 수밖에 없었습니다. 그럼에도 그의 사상은 신학 교수와 목회자, 일반 성도를 가리지 않고 광범위하게 영향을 미쳤습니다. 특히 윔버는 자신이 쓴 모든 책의 제목에 '능력'을 덧붙일 정도로 이를 매우 강조했는데, 여기에 현혹된 수많은 사람이 능력을 추구하며 그를 추종했습니다.

특히 오늘날 여러 선교단체와 교회에서 쉽게 찾아볼 수 있는 가르침 중 많은 내용이 윔버가 주장하고 체계화한 것입니다. 가령 사탄의 권세와 싸우기 위해 지역의 귀신을 파악하고 그 영에 대항해 선포 기도를 한다든지, 혹은 놀라운 표적과 치유 등을 통해 악한 영과 대결해야 한다는 능력 대결 등이 이에 해당합니다.

1980년대에 접어들면서 윔버는 마이클 비클(Michael Bickle)을 비롯해 캔자스 예언자 운동을 주도하는 그룹과 교류하면서 그들의 영향을 받게 됩니다. 비클과 그의 추종자들은 새로운 계시를 따라 교회를 개혁할 '요엘의 군대'를 가져야 한다고 주장했는데, 이는 그리스도의 재림을 앞당기고 역사의 영적 완성을 이룰 선택된 씨앗으로 부름받은 사람들을 의미합니다. 이와 더불어 비클은 사도와 선지자를 포함해 에베소서 4장이 말하고 있는 오중직의 회복을 주장하기도 했습니다.

또 윔버와 비클 그리고 캔자스 예언자 그룹은 아이합을 통해 자신들의 사상을 가르치면서, '다윗의 장막을 회복하자'는 명분을 내세워 24시간 기도 운동을 펼치고 있습니다. 최근에 비클은 한국을 방문해 성대한 집회를 열고, '유대인과 예루살렘 회복 운동'에 한국 교회도 동참해 줄 것을 촉구했습니다. 안타깝게도 이미 한국의 수많은 교회가 윔버의 영적 이론을 따르고 있으며, 비클의 한국 집회 이후 더 많은 교회와 성도가 이런 그릇된 예언과 선교 운동에 동참하고 있습니다.

교회를 미혹하는 신사도 운동의 가르침

1997년이 되자 피터 와그너는 제3의 물결 운동, 비클의 아이합, 캔자스 예언자 운동을 모두 아우르는 세계적인 연합을 도모했습니다. 이 연합을 신사도 운동 또는 신사도 개혁 운동으로 명명했는데, 한국에서도 많은 교회가 교파를 막론하고 이 연합에 참여할 정도로 그 파급력이 대단했습니다. 놀라운 점은 은사주의나 성결 운동과 상대적으로 연관성이 적은 장로교단의 교회들까지 여기에 참여하고 있다는 사실입니다.

신사도 운동은 21세기를 제2의 사도 시대라고 규정하는데, 그들의 사상적 근간인 윔버나 비클 등의 가르침을 그대로 수용해 오중직을 강조하고, 사도와 선지자직의 회복을 주장하고 있습니다. 또 이들은 치유와 축귀, 은사의 전이, 예언 등과 같은 각종 이적에 주목하면서, 동시에 세대주의적 종말 사상을 따라 유대인과 예루살렘의 회복을 외치기도 합니다.

그런데 신사도 운동의 예루살렘 회복 운동은 교회를 개혁하자는 그들의 외침과도 깊이 연관되어 있습니다. 신사도 운동가들은 대부분의 교회가 하나님이 보시기에 죽어 있는 바리새인 같은 교회라고 단언합니다. 그러므로 이런 죽은 교회를 개혁해 하나님을 온전히 경배하도록 변화시켜야 하며, 더 나아가 교회의 회복을 통해 유대인의 부흥과 예루살렘의 회복까지도 꿈꿔야 한다고 가르칩니다.

신사도 운동의 선교 사상은 이들이 주로 사용하는 "예루살렘을 특별하게 여기지 않았던 태도를 회개합니다." "예루살렘은 세계를 보는 영적 지도입니다." "하늘의 군대가 예루살렘을 향해 일어나게 하소서." "요엘의 군대를 예루살렘으로 소집해 주소서." "마지막 결전지는 예루살렘입니다." 같은 표현을 통해 그 실체를 파악할 수 있습니다. 특히 인터콥이 주도하는 '백 투 예루살렘 운동'이 이런 구호를 외치면서 젊은 세대를 미혹하며 선동하고 있습니다. 또 이러한 사실은 인터콥이 신사도 운동과 깊은 관련이 있다는 것을 잘 보여줍니다.[48]

인터콥은 복음이 동쪽에서 서쪽으로, 즉 예루살렘에서 시작된 복음이 지구 한 바퀴를 돌아 다시 예루살렘으로 돌아감으로 역사가 완성되고 예수 그리스도가 재림한다고 말하면서, 그 가는 길을 사탄이 무슬림 종교의 영을 통해 막고 있다고 주장합니다. 그리고 그 길을 열기 위한 중보기도와 단기선교 등의 활동을 외칩니다.

하지만 이들이 주장하는 복음의 서진(西進) 사상은 근거 없는 말에 불과합니다. 성경이 말하는 '땅끝'은 서쪽에만 국한된 것이 아니라 동서남북 온 사방을 가리키기 때문입니다. 그럼에도 수많은 젊은이가 복음의 전반적인 내용과 종말론적 교리에 대한 이해가 부족한 탓에, 신사도 운동이 말하는 그럴듯한 선교 구호에 선동당하고 있습니다. 실제로 이들의 가르침을 받은 다수의 젊은이가 이슬람 세력이 선교의 서진을 가로막았다고 생각하고 있으며, 이 중 일부는 이슬람 국가의 접경지역까지 단기선교를 떠나 전투적으로 땅 밟기 기도나 중보기도 등을 감행하고 있습니다. 겉으로는 대단한 열정과 헌신처럼 보이지만 그 실상은 잘못된 신학에 기초한 선동에 미혹된 것입니다.

신사도 운동의 또 다른 가르침 중 하나는 교회의 오중직인데, 인터콥의 최바울 대표가 크게 강조하는 내용이기도 합니다. 그는 에베소서 4장에 언급된 교회의 직분을 들어 사도, 선지자, 복음 전하는 자, 목사, 교사의 모든 은사가 함께 일해야 교회가 온전해지고, 그중 어느 것이 없으면 그만큼 교회가 부족한 것으로 주장합니다.[49]

안타깝게도 다수의 젊은이가 이런 허황된 가르침을 듣고서 자신의 교회를 비판적으로 바라보고 있습니다. 능력을 행하는 사도와 선지자가 없는 자신의 교회는 온전한 교회가 아니라고 생각하게 된 것입니다. 초대교회에서 일어났던 기적과 예언으로 다시 교회를 개혁하고 예루살렘으로 향해야 한다는 신사도 운동의 그릇된 가르침이 초래한 안타까운 현실입니다. 성경과 동떨어진 이들의 세대주의 종말론은 이처럼 교회와 선교에 대한 잘못된 이해를 갖고 있습니다.

교회 곳곳에 퍼진
그릇된 능력 추구

최근 한국 교회 내에서 치유 집회를 주도하고 있는 한 장로는 스스로 존 윔버의 『능력 전도』(*Power Evangelism*, 나단) 같은 책에 크게 영향 받았다고 밝혔습니다.

존 윔버가 말하는 능력 전도의 주된 논지는, 불신자를 구원하고 기존의 신자들을 변화시키기 위해서는 하나님의 능력을 그들의 삶에서 직접 대면하게 해야 한다는 것입니다. 이 능력은 가시적인 기사와 이적 등을 말하는데, 윔버는 이런 하나님의 능력이 나타날 때 복음에 완강히 저항하던 사람도 훨씬 쉽게 복음을 받아들일 수 있다고 주장합니다.

외견상 상당한 설득력이 있는 윔버의 이런 논리에 동조해 점차 많은 사람이 신유, 예언, 축귀, 쓰러뜨림 등의 기사와 이적을 추구하기 시작했습니다. 문제는 윔버의 영향을 받은 사람들이 이런 기사와 이적을 추구하는 데서 그치지 않고, 교회의 성경공부나 교리공부에 부정적인 인식을 갖게 되었다는 것입니다. 윔버는 성경과 교리를 공부하는 것이 교회에서 일어나는 하나님의 역사를 가로막는다고 생각했습니다. 그러나 성경의 진리를 거부하면서 강조하는 기적은 성령의 역사로 일어나는 것이 결코 아닙니다. 오히려 거기에는 사탄의 미혹이 있다고 할 수 있습니다.

윔버는 이런 그릇된 능력 추구를 자신이 인도하는 예배 중에도 곧잘 드러냈습니다. 그는 설교 후 '성령님 오시옵소서'라는 말로 사람들을 놀라게 할 만한 어떤 신기한 일이 나타나기를 간구했습니다. 그리고 그 뒤에 "조금 더, 조금 더, 조금 더!" 하고 외치며 집회 현장의 분위기를 한껏 끌어올렸습니다. 이런 행동은 윔버의 가르침을 흡수하여 치유집회를 인도하는 한 유명 장로에게서 그대로 나타났습니다.

윔버는 선교에서도 영적 능력을 적극 사용할 것을 권장합니다. 그는 자신의 저서인 「능력 시리즈」에서 이를 자세히 설명하고 있습니다. '영적 도해'는 영적 싸움에서 승리하기 위해 만든 그의 선교 전략입니다. 이 영적 도해로 각 지역을 지배하는 귀신을 분석해, 각각의 성향에 따라 어떻게 기도하고 영적 전쟁을 벌일지 전략을 세워야 한다는 것입니다. 또 악한 영을 쫓아내기 위해서는 영 분별의 은사가 중요하며, 영적 전투에서는 하나님의 권세로 선포하는 선포 기도가 더욱 큰 능력을 발휘한다고 가르칩니다. 이런 윔버의 가르침 때문에 선포 기도는 많은 선교단체와 신사도 운동을 따르는 교회뿐 아니라 교회의 거의 모든 대중에게도 익숙한 개념이 되어버렸습니다.

윔버의 영향을 받은 그 장로 역시 성령세례를 받은 사람만이 '기름부음'을 받을 수 있다고 말합니다. 그에 따르면 모든 신자는 성령세례 받기를 사모해야 합니다. 여기서 성령세례를 받았을 때 나타나는 능력으로 제시하는 것은 이상한 방언, 비틀거림, 쓰러짐, 짐승 같은 행동, 낄낄거리며 웃는 것 등의 현상인데, 이는 빈야드 운동에서도 추구했던 것입니다. 그런 것들은 성경에서 전혀 찾아볼 수 없는 비성경적인 체험입니다.

이와 관련해 암스트롱(John Armstrong)은 빈야드 운동이나 제3의 물결은 오늘날 유행하는 문화의 일부에 동양의 신비주의가 결합된 것에 불과하다고 비판했습니다.[50] 이런 운동에서 소위 '성령의 기름부음'을 받으면 강한 전류가 통하는 것을 느낀다고 하는데, 사실 그런 현상은 기독교보다 힌두교나 뉴에이지에 더 가깝습니다. 물론 성령에 의해서도 어떤 특별한 체험을 할 수 있습니다. 하지만 그런 개인적 체험을 구원의 확신으로 연결해 일반화하거나, 그런 체험에 근거해 그릇된 능력을 계속해서 추구하는 것은 분명 잘못된 일입니다.

하지만 안타깝게도 이미 수많은 사람이 신사도 운동의 가르침에 미혹되어 온갖 거짓 능력에 사로잡혀버렸습니다. 성경과 전혀 상관없는 현상을 체험하는 것으로 행복해하고 자기 위안을 삼습니다. 심지어 그런 경험을 통해 구원의 확신을 스스로 갖기까지 합니다. 실제로는 마태복음 7장이 말하는 것처럼 주님께서 모른다고 하실 사람인데도 남들과는 다른 특별한 경험을 했다는 이유로 손쉽게 자신의 구원 여부를 단정짓습니다.

그러나 이런 그릇된 능력 추구는 신사도 운동 이전 세대의 오순절이나 은사주의 운동처럼 개인적 체험에만 의존하는 비정상적인 신앙 태도이며, 바울이 고린도전서에서 강조하는 복음의 내용과도 상충합니다. 복음만으로는 부족하다 여겨 지혜의 탁월함에 의존하려 한 고린도교회의 사람들과 별반 다를 바 없는 모습입니다. 우리는 주변에 나타나는 이런 종류의 추구와 경험이 얼마나 복음을 하찮게 여기고 헛되게 하는지 분명히 인식해야 합니다. 이러한 인식 없이는 그들이 추구하는 비성경적인 체험이 우리의 신앙을 좀먹고 파괴하는 것을 막을 수 없습니다.

비성경적인 신사도 운동의 중보기도

신사도 운동의 비성경적인 주장을 하나 더 꼽는다면 '중보기도'를 들 수 있습니다. 교회에서 기도하자는 권면을 거절하는 사람은 거의 없습니다. 성경도 신자가 하나님의 은혜를 누리는 방편 중 하나로 분명히 기도를 언급합니다. 그런데 신사도 운동은 이처럼 신자에게 익숙한 기도의 의미를 자신들의 의도에 맞게 왜곡하고, 이를 교묘하게 이용해 사람들에게 다가갑니다. 이들은 곳곳에서 중보기도 모임을 열거나 기도 학교를 세우며 영적인 싸움을 선포하고 마귀를 대적한다고 말합니다. 여기에는 수많은 신학적 오류와 잘못된 가르침이 뒤섞여 있지만, 성경이 말하는 기도의 개념을 차용했기 때문에 일선 교회와 신자들이 별다른 거부감 없이 이 주장을 받아들이고 있습니다. 이로 인해 참된 기독교 신앙이 점진적인 부패와 더 심각한 왜곡으로 나아가고 있습니다.

와그너는 신사도 운동의 형성 과정을 설명하면서 1970년대부터 중보기도 운동이 크게 일어나기 시작했다고 말합니다. 그는 중보기도 운동을 통해 직분과 은사에 무지했던 교회들이 1980년대에는 선지자, 1990년대에는 사도의 은사와 직분을 인식하게 되었고, 각각의 직분에 대해 새로운 이해를 갖게 되었다고 주장합니다.

그러면서 이와 같은 중보기도가 나타난 배경을 설명했습니다.

> 중보기도자들이 가장 먼저 나타난 것은 그들의 주된 사명이 하늘과 땅 사이에 보이지 않는 세계의 길을 선명하게 드러내는 것이기 때문이다. 중보기도자들은 하나님이 주신 영적 권세로, 혼돈을 일으키는 사탄의 능력을 무력화하고 결박하는 영적인 능력을 가진 사람들이다. 중보기도자들이 자신의 사역을 잘 감당하면 하나님의 음성이 이 땅에 더욱 선명하게 전달될 수 있다.[51]

과연 성경이 와그너가 말하는 이런 중보기도를 말하고 있을까요? 그의 주장에는 그 어떤 합당한 성경적 근거도 없습니다. 기도의 핵심은 기도라는 행위 자체에 있지 않습니다. 기도에서 가장 중요한 것은 하나님의 뜻대로 간구하는 것입니다. 즉 하나님의 말씀과 일치해야 한다는 것입니다. 이것이 신자의 기도와 이방인의 기도, 성령에 의한 기도와 사탄에 의한 기도를 판단하는 결정적인 기준이 됩니다.

오늘날 한국의 많은 선교단체와 기도 운동이 와그너가 말하는 배경의 중보기도 운동을 열렬히 따르고 있습니다. 특히 아이홉에 영향받은 목회자가 주도하는 기도 운동과 가르침을 따르는 교회가 크게 확산되고 있습니다. 안타깝게도 현재 교회의 수많은 사람이 이런 흐름의 배후에 은사, 계시, 예언, 영적 전투 등을 운운하는 신사도 운동의 왜곡된 가르침이 있다는 것을 분별하지 못하고 있습니다. 성경적 기반이 부실하고 신학적으로 크게 왜곡된 주장에 따라 헛된 능력과 체험을 추구하고 있는 것입니다.

1세기부터 교회에는 다양한 문제와 그럴듯해 보이는 거짓 능력을 추구하는 집단이 있어 왔습니다. 하지만 제2의 체험 추구에서 오순절 운동, 은사주의 운동, 제3의 물결 운동, 신사도 운동으로 이어져 체계화된 능력과 체험 추구는, 이제 기독교 신앙의 정설처럼 받아들여져 하나님이 주신 종말론적이며 선교적인 대답으로까지 간주되고 있습니다. 그러나 이미 지난 역사적 배경에서 드러났듯이, 그러한 능력 추구는 부실한 성경적 기반 탓에 결국 1세기 사도들이 가장 강조했던 복음의 능력을 중심에 두지 않고 거짓된 것에 대한 갈망을 부추긴다는 면에서, 진리에서 결정적으로 벗어나 있습니다.

복음 없이는 참된 능력도 없다

그런데 지금 언급된 인물들은 모두 소위 '평신도 사역자'라는 공통점을 가지고 있습니다. 이들이 교회 안의 사람들에게서 많은 지지를 받는 이유는 현 시대의 사조인 포스트모더니즘과도 무관하지 않아 보입니다. 제도와 권위를 싫어하는 사회의 풍조가 이런 평신도 사역자들에 대해 우호적이고 긍정적인 인식을 형성하는 데 크게 기여했다고 봅니다. 또 목회자가 아닌 평신도가 앞에 서서 영적인 분위기를 주도하고, 이전에 듣던 것과 다른 가르침을 전하는 것이 신선하게 다가왔을지도 모릅니다. 이런 신선한 충격과 나름의 긍정적인 인상이 이들의 그릇된 주장을 분별하기 더욱 어렵게 만들고 있습니다.

물론 과거에도 스펄전이나 로이드 존스처럼 신학교를 나오지 않고도 목회를 한 경우가 있었습니다. 하지만 이들과 오늘날의 평신도 사역자들 사이에는 매우 큰 차이가 있습니다. 바로 성경에 대한 올바른 이해입니다. 스펄전이나 로이드 존스는 비록 신학교 정규과정을 이수하지는 않았어도 건강한 믿음의 선배들이 남긴 올바른 신앙을 깊이 공부했으며, 본문 연구를 통해 성경을 체계적이고 균형 있게 이해하는 일에도 소홀하지 않았습니다. 이처럼 어떤 경우든 사역에서 가장 선행되어야 하는 것은, 성경을 충실하게 이해하고 복음의 풍성함과 부요함을 선명하게 아는 것입니다. 이는 훌륭한 믿음의 선배들이 걸었던 길이기도 합니다.

그러나 신사도 운동을 배경으로 활동하는 평신도 사역자들은 성경에 대한 체계적 이해보다 신사도 운동의 가르침과 경험에 훨씬 더 많은 가치를 둡니다. 자신이 겪은 강렬한 체험에 이끌려 성경에 귀를 기울이지 않는 것입니다. 그래서 복음의 부요함과 성경에 대한 올바르고 균형 잡힌 이해가 결여되어 있습니다. 이는 오순절 운동의 계보에 있는 모든 운동의 공통적인 특징입니다. 암스트롱은 이들의 치명적인 문제점을 지적했습니다.

> 그들은 성경의 내용을 잘 이해하는 데는 관심이 없고 오직 경험만을 앞세운다. 그렇게 되면 성령을 받는다는 것이 하나의 미신이나 마술로 전락하게 된다.[52]

복음의 참된 능력을 경험하지 못하면 복음을 부족하게 여길 수밖에 없습니다. 그리고 자신의 결핍을 채워줄 무언가를 찾아 헤매게 됩니다. 신사도 운동이 제시하는 강렬한 체험은 이런 사람들에게 매우 매력적으로 다가옵니다. 어떤 특별한 경험을 한 번이라도 하면 그 후에는 자신의 경험을 복음보다 더 신뢰하게 됩니다. 그리고 심지어 신학조차도 바꿔버립니다. 이에 대해 윔버는 "나는 체험으로 인해 근본적으로 신학이 바뀐 많은 복음주의 지도자들과 이야기를 나누었다"고 말하기도 했습니다.

하지만 성경이 말하는 건강하고 온전한 체험이라면 하나님의 말씀이 사실인 것을 확증하고, 그 말씀을 더욱 풍요롭게 이해하도록 도와야 합니다. 또 아무리 대단한 개인적 체험이라도 올바른 성경의 이해 위에 세워진 신학을 바꿀 수는 없습니다. 절대적인 권위를 가진 하나님의 말씀에 근거한 신학을 바꿀 만한 가치와 영향력을 가진 체험은 어디에도 존재하지 않기 때문입니다. 혹시 다른 사람이 전혀 경험하지 못한 대단한 체험을 했더라도, 그것은 매우 주관적인 것에 불과하며 그 또한 하나님의 말씀에 비추어 판단해야 한다는 것을 유념해야 합니다.

암스트롱은 윔버가 쓴『능력 전도』에서 복음의 분명한 정의를 찾아볼 수 없다고 지적합니다. 그의 책이 치유와 성령의 임재를 주된 내용으로 다루고 있기는 하지만, 복음 자체에 대해서는 어떠한 설명도 찾아볼 수 없다는 것입니다. 이는 윔버만의 문제가 아니라 그를 추종하는 사람 모두가 갖고 있는 심각한 결함입니다. 그들의 중심에는 복음이 없습니다. 그러므로 성경이 말하는 복음의 능력도 소유하지 못합니다. 다만 복음을 헛되게 하는 다른 능력만을 붙들고 있을 뿐입니다.

존 우드하우스(John Woodhouse)는 존 윔버가 잘못된 능력을 가르치고 있음을 정확히 지적했습니다.

> 존 윔버 신학에서 표적은 복음의 능력을 능가하는 힘을 가지고 있다. … 복음만 있고 표적과 기사가 없는 복음 전도는 능력 전도가 아니다. 윔버는 복음이 내재적인 힘을 가지고 있음을 부인하지는 않는다고 한다. 하지만 그에게는 복음이 신학의 핵심이 아니다. 교회에 주어진 열쇠는 영적인 통찰과 권위이지 복음이 아니다. … 사람들에게 필요한 것은 복음 이상의 그 무엇이어야 한다. … 윔버는 예수를

믿기로 결심한 많은 사람이 하나님의 능력을 체험하지 못해 성숙한 신앙에 이르지 못한다고 한다. … 거기에는 회심의 체험과 전혀 다른 무엇이 있다.[53]

복음이 능력이다

지금도 수많은 목회자와 그들을 따르는 신자들이 신사도 운동의 주장을 기독교 신앙의 자연스러운 형태로 받아들이고 있습니다. 기독교의 근본이요 중심인 복음을 변질시키고 훼손하면서까지 신사도 운동의 오류를 수용하고 있는 것입니다. 또 신사도 운동을 추구하지 않더라도 많은 목회자가 복음의 능력보다 세상의 지혜와 아름다움으로 말하는 다른 능력을 의지하려는 강한 유혹에 노출되어 있습니다. 진리의 편에 서는 어려운 길을 가기보다 사람들의 눈에 탁월해 보이고 좀 더 설득력 있는 길을 택하고 싶은 것입니다.

복음만으로는 부족하다고 생각하면 그 부족함을 메우기 위해 무언가를 하게 됩니다. 거룩하신 하나님의 이름을 내팽개치고, 성경이 말하지 않는 온갖 세상의 정신과 문화를 가져와 진리를 왜곡하고 변질시키는 일도 거침없이 합니다. 복음이 참된 하나님의 능력인 것과 그 복음이 말하는 기독교의 진수를 모르고, 구원에서 복음의 충분성을 인정하지 않으면 필연적으로 그렇게 됩니다.

심지어 개혁주의를 추구한다면서도 그렇게 될 수 있습니다. 복음이 하나님의 능력이 됨을 온전히 신뢰하지 않으면서, 그저 교리를 가르치고 올바른 신학을 세우며 청교도들이 사용한 예배의 형식을 도입하는 것을 스스로 자랑삼고, 이를 통해 사람들을 불러 모으려는 시도 역시 말의 지혜를 의지하는 것일 수 있습니다. 개혁주의와 청교도라는 단어를 자신의 명함처럼 자랑삼아 사용해서는 안 됩니다. 성경이 말하는 건강한 교회를 세우려 할 때 우리는 이 사실 역시 함께 기억해야 합니다.

복음에 나타난 하나님의 능력을 알고 있습니까? 전도의 미련한 것으로 구원하는 하나님의 능력을 충분하게 여기고 있습니까? 존 맥아더는 신사도 운동과 그 아류들을 두고 '나답과 아비후가 취한 다른 불'과 같다고 말합니다. 지금도 많은 사람이 이 '다른 불'을 가지고 사역하려고 합니다. 하나님께서 나답과 아비후에게 어떻게 행하셨는지 까맣게 잊은 채 말입니다.

기이한 능력을 추구하면 사람들의 호응과 호의를 끌어낼 수는 있겠지만, 잠시 뒤 우리는 모두 하나님 앞에 서야 합니다. 복음의 능력이 아닌 말의 지혜로 사역했을 때 하나님께 어떤 평가를 받겠습니까? 바울은 말의 지혜를 의지하지 않음으로 복음을 헛되게 하지 않겠노라 굳게 마음먹었습니다. 우리 역시 그와 같아야 합니다. 그렇지 않으면 결국 복음을 헛되게 하고 하나님께 삯꾼 목자, 거짓 목자라는 평가를 받게 될 것입니다.

만약 목회를 하면서도 복음의 충분함을 경험하지 못하고 도리어 세상의 탁월한 지혜와 능력을 의지했다면, 자신의 마음과 지난 행적을 하나님 앞에 다 내려놓고 말씀에 비추어 정확한 진단을 받으십시오. 그리고 말씀에 따라 확고한 대답을 얻으십시오. 만약 이러한 진단을 통해 사역자로서 적합하지 않다는 확신이 들면, 그때라도 모든 것을 내려놓고 새롭게 출발해야 합니다. 그렇게 하는 것이 자신과 다른 영혼에게 훨씬 큰 유익이 됩니다.

2. 결코 헛될 수 없는 복음

"십자가의 도가 멸망하는 자들에게는 미련한 것이요
구원을 받는 우리에게는 하나님의 능력이라"

_고전 1:18

우리가 붙들어야 할 탁월함

복음을 헛되게 하는 말의 지혜를 의지하지 않고 순전한 복음을 전하며 분투한 바울 같은 확신과 의지가 없다면, 사역자로서는 적합하지 않습니다. 그리고 복음의 충족성을 깊이 깨닫지 못하면, 결국 말씀이 말하지 않는 세상의 가치나 거짓된 능력을 붙들게 될 것입니다. 겉으로는 그리스도를 인정하고 복음을 안다고 말할 수 있을지 몰라도, 실제 삶과 사역에서는 복음의 진정한 가치와 영광스러움을 드러내기보다 오히려 그리스도와 복음을 부정하는 자가 될 것입니다. 그런 사역자는 설령 많은 사람을 교회로 끌어들였다 해도, 하나님께서 보시기에는 그저 십자가를 헛되게 한 것일 뿐입니다.

우리는 하나님 앞에 그런 자로 서지 않기 위해 복음의 능력을 온전히 알고 사역해야 합니다. 사도 바울도 말의 지혜가 주는 효력을 알고 있었습니다. 그것이 사람들의 즉각적인 반응을 이끌어낸다는 것을 모르지 않았습니다. 그럼에도 바울이 말의 지혜를 사용하지 않은 이유는, 복음 자체에 결코 헛될 수 없는 하나님의 능력이 있음을 확신했기 때문입니다.

복음에는 하나님의 참된 능력이 나타납니다. 그래서 말의 지혜 같은 여타 능력의 도움을 받을 필요가 없습니다. 하나님의 능력은 이미 복음에 있습니다. 다만 사람들이 그것을 보지 못할 뿐입니다. 우리는 그 어떤 것과도 비교할 수 없는 놀라운 능력이 복음에 있음을 깨달아야 합니다.

바울은 십자가의 도가 구원을 받는 우리에게는 하나님의 능력이라고 진술합니다(고전 1:18). 그의 말대로 복음은 단지 하나님의 능력에 '대해' 말하는 것이 아니라, 그 자체가 하나님의 능력입니다. 이는 그리스도께서 하나님의 능력(고전 1:24)이라는 말과 연결됩니다. 이처럼 복음은 하나님께서 보내신 그 아들 그리스도와 관련됩니다.

또 "성령의 나타나심과 능력"(고전 2:4) 역시 복음과 연관되어 있습니다. 즉 성령의 나타나심과 능력은, 십자가의 도와 그리스도가 하나님의 능력이라는 것을 깨닫고 믿게 하는 능력이라는 의미입니다. 이러한 성령의 능력을 바르게 이해하지 않으면 성경이 말하는 성령의 능력을 오해하게 되고, 엉뚱한 것을 성령의 능력이라 말하며 추구함으로 진리에서 이탈하게 됩니다.

성경 전체를 살펴봐도 성령 하나님은 그리스도와 분리되어 사역하지 않으신다는 것을 알 수 있습니다. 성령의 사역은 항상 그리스도 및 복음과 결부되어 있습니다. 성령 하나님은 그리스도를 더욱 밝히 드러내십니다. 신자는 성령으로 말미암아 그리스도 안에서 행하신 하나님의 은혜인 복음을 깨닫습니다. 또 성령께서는 신자가 복음 안에 살게 하시며 끝내 영광으로 인도하십니다. 성령의 사역과 능력은 이렇게 놀라울 정도로 그리스도와 복음 중심적입니다.

하지만 신사도 운동 계열의 모든 가르침은 그리스도와 분리된 성령의 능력을 추구합니다. 이것은 성경에 대한 본질적인 이해가 결여된 매우 심각한 오류입니다. 성경의 중심이며 핵심인 그리스도와 결부된 성령의 사역을 알지 못하는 것입니다. 오히려 이는 광명의 천사로 가장해 사람들을 미혹하는 사탄의 궤계일 수 있습니다. 성경은 결코 성령의 능력을 독립된 것으로 말하지 않습니다. 그 능력은 항상 그리스도와 연관되어 있습니다.

죄를 해결하는 참된 능력

하나님의 독생자 예수 그리스도를 증거하는 복음은 죄인을 구원하시는 하나님의 능력입니다. 어느 누구도 상상치 못하고 이룰 수도 없는 죄에서의 구원을 하나님은 자신의 능력인 복음을 통해 행하십니다.

물론 만물을 창조하시고 온 세상의 역사를 주관하시는 일이나 우리 각 개인의 삶을 인도하시는 일 또한 놀라운 하나님의 능력입니다. 신사도 운동이 말하는 바와는 그 취지가 다르지만, 하나님은 성경이 말하는 것처럼 자신의 백성들의 병든 몸을 치유하거나 사탄의 활동을 통제하는 일, 바로 같은 자들의 강퍅한 마음을 꺾는 일도 하십니다.

하지만 우리 눈에 아무리 대단하고 놀랍게 보인다 해도 그것이 하나님이 나타내신 최고의 능력은 아닙니다. 성경은 그보다 더 위대한 능력이 있음을 말하고 있습니다. 바로 그리스도의 십자가에서 나타난 하나님의 능력입니다. 믿는 자 안에서 나타내시는 복음의 능력인 것입니다. 하나님은 이 능력을 통해 택한 백성을 죄와 사망에서 건져주시고 그들에게 영원한 구원을 허락하십니다.

죄인을 구원하시는 하나님의 능력이 가장 크고 위대한 이유는, 죄야말로 우주 만물의 모든 문제 중 가장 심각하며 해결하기 어려운 문제이기 때문입니다. 죄와 그 대가인 사망을 해결하는 것은 하나님께도 난제였습니다. 인간이 상상조차 할 수 없는 기적을 행하시는 것도, 온 세상 만물을 말씀으로 창조하신 것도 대단한 능력이기는 하지만, 그것만으로는 죄를 해결할 수 없었습니다. 그래서 죄 없는 하나님의 독생자이신 예수 그리스도께서 우리의 죄를 대신 지시고 죽으셨을 뿐 아니라 다시 살아나셔서 죄의 권세를 정복하셨습니다. 그리스도는 그렇게 우리의 죄에 대한 형벌인 사망을 면하게 해주셨습니다. 참으로 그리스도는 구원하는 하나님의 능력입니다. 복음은 모든 믿는 자에게 구원을 주시는 하나님의 능력이 되는 것입니다(롬 1:16).

신사도와 은사주의 운동의 치명적인 결함은 이같이 성경이 말하는 참된 능력, 곧 죄를 해결하는 능력보다 이적과 치유 같은 여타의 능력을 더 중한 능력으로 추구한다는 것입니다. 그래서 이방 종교에서도 볼 수 있는 기적을 최고로 여기는 잘못을 범하고 있습니다. 만일 죄에서 구원하는 능력을 뒤로 하고 여타의 기적이나 은사를 더욱 귀하게 여긴다면, 그것은 기독교가 아니라 기독교의 허울을 쓴 다른 것입니다.

기독교의 참 능력은 죄를 해결하는 능력입니다. 이 세상의 어떤 종교도, 심지어 하늘의 천사도 우리의 죄 문제를 해결할 수 없습니다. 이는 오직 그리스도께서 달리신 십자가를 통해서만 해결이 가능합니다. 이런 하나님의 참된 능력을 알고, 복음이 이 세상의 어떤 것과도 비견할 수 없는 유일한 것을 담고 있음을 믿는 것, 그 하나님의 능력만으로 족하다고 말하는 것이 바울의 뒤를 따르는 참된 사역자의 모습입니다.

거듭남과 참된 능력

그럼에도 교회의 수많은 사람이 복음에 있는 하나님의 능력에 대해 무지하거나 이를 가볍게 여기는 이유는, 하나님의 능력이 오직 '구원받은 자'들에게만 나타나기 때문입니다(고전 1:18; 참조. 롬 1:16). 바울은 하나님의 능력인 십자가의 도와 그리스도와 복음을 모든 사람에 대한 것으로 말하지 않았습니다. 오직 하나님이 부르셔서 믿음으로 구원받은 자들만 이 능력을 경험할 수 있습니다. 따라서 거듭나지 않은 사람은 교회 안에 있어도 이 능력을 임의로 모방하는 데서 그치게 됩니다. 또 하나님의 능력을 경험하지 못한 사람은 기적이나 치유, 기이한 현상 등에 쉽게 마음을 빼앗깁니다.

구원과 상관없는 사람들의 마음을 미혹해 종교적인 생활과 활동에 참여하게 하는 능력은 결코 성령의 역사가 아닙니다. 그러므로 이런 거짓 능력을 의지하는 사람들은 결국 하나님과 상관없는 자신의 무엇인가를 드러낸 것에 지나지 않습니다. 뜨거운 반응을 보이는 사람들을 보고 크게 만족하면서 자신이 뭔가 대단한 일을 했다고 착각하는 것입니다. 그는 이미 거짓된 능력의 마력에 빨려 들어가버려, 마치 자신이 하나님의 능력을 사용할 수 있는 특별한 존재인 양 행동합니다. 더 나아가 인위적으로 하나님의 능력을 만들어내려는 시도까지 합니다.

행크 해네그래프(Hank Hanegraaff)는 『빈야드와 신사도의 가짜 부흥운동』(*Counterfeit Revival*, 부흥과개혁사)에서 이들의 거짓과 기만을 가감 없이 폭로합니다. 한때 신사도 운동에 빠졌던 저자는 그들의 가르침은 결국 거짓 기적과 치유일 뿐이라고 말합니다. 그리고 신사도 운동이 말하는 능력이 성경과 전혀 관계없는 최면술까지 동원하는 거짓 능력임을 고발합니다. 이는 사람들을 끌어들이기 위해 거짓된 능력을 사용하다 벌어진 참극입니다.[54]

하나님의 능력은 결코 멸망하는 자에게는 적용되지 않습니다. 오직 구원 얻는 자만이 하나님의 능력을 경험할 수 있습니다. 이것이 성경이 말하는 복음의 능력이 가진 비밀입니다. 우리는 결코 하나님의 능력을 인위적으로 경험하거나 소유할 수 없습니다. 이는 오직 복음을 듣고 구원을 얻는 자에게만 나타납니다.

이런 의미에서 전도의 미련한 것으로 복음을 전하는 일은 많은 인내를 요구합니다. 참된 설교자는 손쉽고 편한 길을 가지 않습니다. 그가 가야 할 길은 어렵고 힘든 길입니다. 사람들이 십자가의 도와 복음을 미련한 것으로 여기기 때문입니다. 그러므로 하나님의 참된 능력을 보기 원한다면 다른 것에 한눈팔지 마십시오. 바울이 예수 그리스도와 그분이 십자가에 못 박히신 것 외에는 아무것도 알지 않기로 한 것처럼, 작정하고 복음을 전해야 합니다.

고린도전서 1장 18절에 사용된 "구원을 받는"이라는 동사의 시제는 현재입니다. 이는 복음을 통해 나타난 하나님의 능력 때문에 신자는 삶에서 계속 죄를 이기며 끝내 영원한 생명으로 인도됨을 의미합니다. 사람들의 눈에는 놀라운 기적과 치유가 마치 살아있는 하나님의 역사로 보일 수 있지만, 성경이 말하는 하나님의 참 능력은 오직 죄와 사망에서 택한 자들을 구원하는 능력뿐입니다. 이는 신자의 삶에서 지금도 분명히 나타나고 있는 능력입니다.

힌두교와 불교를 포함한 다양한 이방 종교에도 저마다 특별하고 신비한 기적과 현상이 있습니다. 기독교가 이들과 분명히 구별되는 점은, 성경에 기록된 기사와 표적을 우선적으로 강조하거나 중요하게 여기지 않는다는 것입니다. 성경은 기적과 표적에 많은 가치를 두지 않습니다. 오히려 마태복음 7장에는 예수님의 이름으로 귀신을 쫓아내고 많은 능력을 행했던 자들이 주님께 외면당하는 모습이 기록되어 있습니다. 그만큼 표적과 기사는 언제든 인간을 기만할 수 있습니다.

카슨(D. A. Carson)은 일부 표적과 기사의 기만성을 지적하면서, "잘못된 동기로도 참된 표적과 기사가 실행될 수 있고, 우리의 믿음을 시험하기 위한 표적과 기사도 있을 수 있다"고 말한 뒤, 다음과 같은 질문을 던졌습니다. "(사람들이) 십자가의 메시지로 변화되기를 바라는가, 아니면 능력과 표적으로 변화되기를 바라는가?"[55] 많은 목회자가 후자를 실질적인 유익으로 여깁니다. 하지만 안타깝게도 그것은 기독교가 아닙니다. 체험 자체에 초점을 맞추는 태도는 아무리 외형이 그럴싸하더라도 결국 반기독교적인 것에 불과합니다. 참된 기독교의 체험과 능력은 성경이 말하는 바와 그 위에 세워진 신학을 변형시키지 않습니다. 오히려 우리의 체험은 성경과 올바른 신학의 검증과 판단을 받아야 합니다.

암스트롱은 체험을 무조건적으로 신뢰할 수 없는 이유를 설명했습니다.

> 체험은 믿을 수 없을 때가 많다. 예를 들면 우리는 이미 하나님의 용서를 받았음에도 하나님께 버림받은 것처럼 느낄 때가 있다. 그러나 우리는 어떤 체험 때문이 아니라 성경의 말씀을 믿기 때문에 확실히 알게 된다. 그래서 아이들의 찬송가처럼 '날 사랑하심 날 사랑하심 성경에 써 있네'라고 고백하는 것이다. 만약 우리가 체험을 성경보다 앞세우면 성인들의 유품 따위에 의존하는 중세 시대 미신으로

돌아갈 수밖에 없다.[56]

십자가 복음을 설교해야 하는 이유

기독교의 진수는, 그리스도께서 달리신 십자가에서 죄의 세력을 이기는 하나님의 능력이 나타난다는 것입니다. 십자가의 도는 실로 그것을 믿는 모든 자를 죄와 사망의 그늘에서 벗어나게 하며, 삶에서 계속 죄를 이기며 영원한 생명으로 들어가게 합니다. 그럼에도 많은 사람이 처음 받은 구원과 자신이 이루어갈 구원에 대한 그릇된 이해를 갖고 살아갑니다. 즉 구원의 시작은 하나님께 받고, 그다음부터는 자신이 스스로 구원을 이루어가야 한다고 생각합니다. 하지만 이는 '구원을 받는'이라고 현재 시제로 말하는 성경의 가르침에 부합하지 않습니다.

사탄이 오랜 시간 뿌려 놓은 씨앗은 이제 수많은 열매를 맺어 교회를 더욱 병들게 하고 있습니다. 교회에 다닌다는 사람들조차 복음에 나타나는 하나님의 능력을 이방 종교의 기적보다 못한 것으로 여깁니다. 우리의 시선과 생각을 기독교의 진수에서 멀어지게 하려는 사탄의 전략이 크게 먹히고 있습니다. 작금의 목회자들이 더욱 담대하고 확고하게 그리스도의 십자가 복음을 설교해야 하는 이유가 바로 여기에 있습니다.

또 우리는 복음에 뒤섞인 온갖 불순물과 오염물을 털어내고 씻어내야 합니다. 과거 많은 교회가 오직 교회를 성장시키겠다는 일념으로 신사도 운동과 은사주의에 깊이 영향 받은 수많은 프로그램을 무분별하게 수용했습니다. 그러나 복음을 통해 나타나는 하나님의 능력을 포기한 채 온갖 오염물이 뒤섞인 변질된 가르침을 따라가다 보면, 결국 그리스도의 몸인 교회는 병들 수밖에 없습니다. 그리스도의 몸을 혼란케 하는 거짓 신자들로 교회가 채워지기 때문입니다. 그런 교회의 목회자는 거짓 신자들의 비위를 계속해서 맞추는 것 외에는 별다른 선택지가 없습니다. 강단에서의 말씀, 교회의 행정과 치리, 모든 섬김과 봉사와 교제에서 진리를 버리고 현실과 타협할 수밖에 없는 것입니다.

이런 식의 목회는 더는 일반적인 의미의 교회 사역이라고 볼 수 없습니다. 그것은 '교회 사업'일 뿐입니다. 사람을 구원하는 것이 아니라 그들의 관심을 모으는 데만 집중하면 이렇게 비극적인 결과를 얻게 되는 것입니다. 이것이 현재 신사도 운동을 포함해 여타의 능력을 중시하며 사역하는 이들의 실태입니다. 그들은 사람을 모이게 하는 데만 관심이 있을 뿐 영혼의 참된 구원에는 무관심합니다. 단지 사람들이 자신의 가르침에 헌신하게 하는 데 집중할 뿐입니다. 그들에게서 어떤 복음의 메시지도 찾아볼 수 없다는 것이 그 증거입니다.

근래 신사도 운동을 통해 수많은 사람을 모은 강남의 한 교회는 각종 예언과 능력을 가르치는 것으로 매우 유명합니다. 해당 교회의 담임목사는 토머스 주남의 말을 인용하면서, 구원받은 신자도 지옥에 갈 수 있다고 가르칩니다. 그것이 자신이 받은 계시라는 것입니다. 이는 성경이 말하지 않는 거짓된 진리로 사람들을 옭아매, 그릇된 헌신을 강요하게 됩니다. 이런 가르침은 십자가의 대속과 부활보다 우리의 기도와 회개와 봉사에 대한 열심과 충성, 열광적인 집회에서의 찬양과 기적, 방언 등을 강조합니다. 이처럼 기독교의 핵심 없이 나타나는 열렬한 반응은 고린도전서 1장 18절이 말하는 '하나님의 능력'에 의한 것이 아닙니다.

설령 엄청난 체험을 하더라도 그것을 구원의 완성으로 여기는 잘못을 범하지 말아야 합니다. 만약 하나님께서 그러한 체험을 허락하셨다면 그것은 모두 우리의 현재적 구원을 위해서입니다. 성경이 신자의 구원받은 삶 전체를 하나님의 능력에 의한 것으로 말하는 것처럼, 사역자는 자신의 모든 사역에서 이러한 계속적인 하나님의 능력을 경험하기를 갈망해야 합니다. 일시적인 기적과 표적은 신자에게 구원을 확신케 하는 도구일 뿐, 그 자체가 구원을 좌우하는 근본적인 능력이 아닙니다.

설교자는 진정한 하나님의 능력, 즉 가망 없는 죄인을 구원해 삶에서 죄를 계속 이기게 하며 끝내 새로운 생명으로 인도하는 십자가의 능력을 먼저 경험하고, 자신의 사역에서도 보고자 해야 합니다. 이 구원의 일은 신사도 운동의 은사나 표적과는 비교도 안 되는 경이롭고 놀라운 기적입니다. 그것은 그리스도의 구속으로 말미암아 새 생명을 얻는 것으로, 이 세상 어떤 것과도 비견할 수 없는 가장 값진 선물입니다.

복음의 참된 능력을 경험하는 길

그렇다면 우리의 삶과 사역에서 어떻게 하나님의 참된 능력을 경험할 수 있을까요? 이는 두 가지 면에서 생각해볼 수 있습니다. 하나는 뭔가를 하지 말아야 하는 소극적인 면이고, 다른 하나는 뭔가를 해야 하는 적극적인 면입니다. 둘은 불가분의 관계지만 한 가지 유념해야 할 사실은, 소극적인 면이 항상 적극적인 면에 선행되어야 한다는 점입니다. 단 한 번도 복음을 헛되게 하지 않았다고 고백한 바울은, 두 가지 면을 그와 같은 순서에 따라 힘써 행함으로, 하나님의 참된 능력을 자신의 사역에서 깊이 경험했습니다. 그리고 자신의 확실한 경험에서 오늘날 혼탁한 복음의 현실을 살아가는 우리에게 교훈하는 말씀을 기록했습니다.

하나님의 참된 능력을 구하는 자에게 있어야 하는 두 가지 면, 즉 소극적인 면과 적극적인 면을 살펴보면 다음과 같습니다. 먼저 우리는 '말의 지혜'로 하지 않고 '그리스도의 십자가'를 전해야 합니다(고전 1:17). 그리고 '지혜의 아름다운 것'이 아닌 오직 '예수 그리스도와 그가 십자가에 못 박히신 것'만을 알기로 작정해야 합니다(고전 2:1-2). 또 '설득력 있는 지혜의 말'이 아닌 '성령의 나타나심과 능력'으로 행해야 합니다(고전 2:4-5). 마지막으로 '하나님의 말씀을 혼잡하게' 하지 아니하고 '진리'를 전해야 합니다(고후 4:2).

이처럼 성경은 항상 소극적인 면과 적극적인 면을 함께 말하고 있습니다. 먼저 하나님께서 원치 않으시는 바를 행하지 않음으로 우리의 연약함과 죄를 극복하고, 그다음에는 하나님의 거룩하심을 따라 그분이 원하시고 기뻐하시는 바를 행해야 합니다. 이것이 성경의 구조이고 가르침이며, 복음의 참된 능력을 경험하는 길입니다.

말의 지혜를
의지하지 말라

소극적인 면인 '말의 지혜'에 대해서는 앞에서 충분히 살펴보았으므로, 여기서는 이 소극적인 면을 강조해야 하는 이유를 조금 더 생각해보고자 합니다.

나답과 아비후는 정하신 불 외에는 가져오면 안 된다는 하나님의 말씀을 어기고 다른 불을 들고 나아가다 죽임을 당했습니다. 인간의 죄와 연약함으로 인해 범죄하지 않도록 허락하신 말씀과 규례를 따르지 않았기 때문에 일어난 일입니다. 아나니아와 삽비라 사건에서도 이와 동일한 원리를 발견할 수 있습니다. 바울 역시 이 원리를 자신의 경험을 통해 강조하고 있습니다.

근래에 선교, 중보기도, 영적 전투 등을 운운하며 젊은 사람들을 선동하는 이들이 범하는 오류는, 바로 성경이 말하는 소극적인 면을 간과한다는 것입니다. 그들은 언제나 적극적으로 무엇을 하는 것만을 강조합니다. 하지만 거기에는 인간적 열심만 있지 하나님께서 우리에게 명하신 거룩함은 없습니다. 거룩함이 없이는 하나님의 진정한 역사 또한 일어날 수 없습니다. 거짓된 복음을 들은 사람들은 잠시 열렬히 반응하기도 하지만, 이내 지치고 그 열심과 열정도 곧 사그라집니다. 그리고 결국 자신의 열심에 대해 회의감마저 갖게 됩니다.

그러므로 하나님께서 우리에게 주신 '하지 말아야 할 것'에 대한 말씀을 결코 가볍게 여겨서는 안 됩니다. 이에 순종하는 것은 참된 하나님의 능력을 드러내는 사역에 필수불가결한 것입니다. 오늘날 많은 사역자가 소극적인 면을 그저 단순한 전제조건 정도로 치부하면서 적극적인 면만 강조하는데, 이는 결국 심각한 문제를 야기하게 될 것입니다. 소극적인 면을 실천하는 일에 소홀하면 쉽게 죄가 용인되고 점점 도덕적인 면을 경시하게 되어, 결국 교회의 거룩함이 사라져버리기 때문입니다.

이런 오류는 개혁주의를 추구하는 사람들에게도 일어날 수 있습니다. 믿음의 선배들이 남긴 책을 지나치게 신뢰하거나 자신의 지식과 능력을 의지해, 스스로 자신은 지금 바른 것을 추구하고 있다고 여기며, 하지 말아야 할 것을 간과하는 위험에 빠질 수 있습니다. 설령 자신이 붙들고 있는 것이 옳아 보이고 아무리 좋은 것이더라도, 그것을 의지하는 일 역시 하지 말아야 할 것에 해당됩니다. 그것을 의지할 때 그 좋은 믿음의 유산마저도 그저 말의 지혜가 될 수 있습니다. 우리는 많은 다른 사람들처럼 이러한 유혹에 넘어지지 않도록 매우 주의해야 합니다.

전도의 미련한 것을 전하라

한편 우리가 적극적으로 해야 할 일은 다름 아닌 그리스도의 십자가 복음만을 흔들림 없이 전하는 것입니다. 참된 사역자라면 "전도의 미련한 것"(고전 1:21)으로 믿는 자들을 구원하기 원하시는 하나님의 말씀을 따라야 합니다.

여기서 '전도'는 말씀을 전하는 행위보다 그 내용에 초점이 맞춰져 있습니다. 그런 의미에서 '전도의 미련한 것'은 그저 열심히 복음을 전하는 행위보다는, 십자가에 못 박혀 죽으신 예수 그리스도를 통해 하나님께서 죄인을 구원하신다는 기쁜 소식, 곧 복음 자체입니다. 사람들은 이 복음을 미련한 것으로 여기지만, 하나님은 오직 그 십자가 복음만으로 죄인 구원하기를 기뻐하십니다. 이것은 우리에게 결코 새로운 것이 아닐지는 모르나 무엇보다 확신해야 할 진리입니다.

오늘날 교회에서 진정한 회심을 보기 힘든 이유도 여기에 있습니다. 신사도 운동이 아무리 회개를 강조해도 참된 회개가 일어나기 어려운 이유는, 그들의 어긋난 가르침에 의해 그리스도의 십자가 복음이 가려졌기 때문입니다. 그들은 회개로 여길 만한 외적 행위는 있을지 모르나, 정작 성경이 선포하는 것과 다른 결론에 이를 가능성이 큽니다.

또 어떤 사람들은 그리스도의 십자가는 축소하고 부활만 특별히 강조하기도 합니다. 하지만 성경은 그리스도의 십자가가 그분의 부활과 분리될 수 없음을 분명하게 가르칩니다. 그리스도께서 십자가에서 이루신 모든 일이 부활을 통해 확증되고 성취되기 때문입니다. 그러므로 부활만 강조하면 복음의 핵심을 잘못 이해하게 되어 복음을 통해 나타나는 하나님의 능력을 온전히 경험할 수 없습니다.

하나님의 능력에 의한 변화와 종교성에 의한 변화는 언뜻 보기에는 비슷해 보여도 결정적인 차이가 있습니다. 종교성에 의해 변화한 사람의 중심에서는 그리스도의 십자가를 발견할 수 없습니다. 부활만 강조하는 가르침을 따르는 사람도 마찬가지입니다. 그리스도의 십자가를 간과하면 결국 십자가에 나타난 하나님의 능력을 가리게 됩니다. 십자가에 나타난 하나님의 능력의 본질은, 우리의 죄와 사망을 대신 지시고 죄의 권세를 이기신 그리스도에게 있습니다. 그런데 부활에 대한 지나친 강조는 이런 하나님의 능력을 그저 죽은 사람을 되살리는 능력 정도로 제한해버리고 맙니다.

성경이 십자가를 강조하는 이유는, 그리스도께서 십자가를 통해 모든 저주와 사망의 원인인 죄를 지시고 처리하시고 이기셨기 때문입니다. 이 놀라운 능력의 표상이 바로 십자가입니다. 사람들에게 미련한 것으로 취급받는 그리스도의 피 묻은 십자가(부활을 통해 모든 것을 전제한 십자가)야말로 하나님께서 유일하게 기뻐하시는 구원의 방편인 전도의 미련한 것, 곧 복음입니다.

설교자는 이 전도의 미련한 것을 계속해서 전해야 합니다. 그것이 하나님이 기뻐하시는 일입니다. 사람들이 반응하지 않는다고 스스로 이 복음을 답답하게 여기지 마십시오. 회중이 복음을 지루하게 여긴다면 오히려 그들을 깨우쳐 권면하고 참된 복음으로 나아오도록 계속 일깨우십시오. 심지어 누군가 이 복음으로 이루어진 공동체의 정체성을 크게 훼손한다면 그를 권징해서라도 경각심을 갖게 해야 합니다. 하지만 한편으로는 큰 인내 가운데 성도의 변화를 기다려야 합니다. 하나님의 능력에 의한 전인격적인 변화는 겉으로 금방 드러나지 않는 경우가 많고, 생각보다 훨씬 많은 시간이 필요할 수도 있기 때문입니다.

이런 어려움을 알면서도 바울은 자신의 말과 전도에서 말의 지혜가 아닌 성령의 능력이 드러나기를 갈망했고(고전 2:4), 고린도 교인들의 믿음이 사람의 지혜가 아닌 하나님의 능력에 의해 생겨나 그 위에 굳게 세워지기를 소망했습니다. 여기서 우리는 사람의 지혜로도 어떠한 믿음이 생길 수 있음을 알 수 있습니다. 하지만 그런 믿음은 매우 일시적이며 단순한 지적 동의 수준에 그치는 경우가 많습니다.

복음 없이 특정 체험과 현상에 의해 생기는 믿음 역시 성경이 말하는 참된 믿음과 달리 자기중심적인 특성을 지니고 있습니다. 신사도 운동과 여타의 능력을 추구하는 운동들이 말하는 믿음과 성경이 말하는 참된 믿음의 결정적인 차이가 여기에 있습니다. 복음 없이 일시적으로 생긴 믿음은 결코 하나님의 능력으로 말미암은 전인격적인 믿음과 같을 수 없습니다.

이에 대해 암스트롱은 "복음주의는 구원에 이르는 믿음을 지식과 동의와 신뢰로 정의하지, 지식과 동의와 능력 대결로 정의하지 않는다"[57]고 정확하게 지적했습니다. 구원과 그리스도인의 삶의 기초를 형성하는 믿음은 지식과 동의와 신뢰로 이루어집니다. 만약 신뢰 대신 능력 대결이 끼어들면 신앙에도 계급이 생기게 됩니다. 실제로 이런 모습은 오순절 은사주의 전통의 운동에서 쉽게 찾아볼 수 있는데, 어떤 능력을 체험한 사람은 나름대로 구원의 확신을 갖고 살지만 체험이 없는 사람은 그러지 못합니다. 결국 체험의 유무가 신앙의 계급을 가르는 것입니다. 이처럼 사람의 지혜 위에 세워진 믿음이 맺는 열매는 참된 믿음이 맺는 열매와 완전히 다릅니다. 그 중심에 그리스도와 십자가가 실질적으로 존재하지 않기 때문입니다.

복음을 통해 나타난 하나님의 능력 위에 선 믿음은 지식과 동의와 신뢰를 모두 포함하는 전인격적인 믿음입니다. 예수 그리스도와 십자가가 중심에 있는 사람의 믿음은 특정한 경험에 좌우되지 않습니다. 때로는 의심에 사로잡히기도 하고 잠시 마음이 흔들릴 수는 있지만, 그로 인해 믿음이 무너지지는 않습니다. 참된 믿음을 가진 사람은 그런 감정과 경험에 기초하지 않고, 오히려 모든 상황에서 자신의 중심에 계신 예수 그리스도와 십자가만 바라보며 믿음으로 자신의 미래를 전망합니다. 구원받은 그때부터 구원의 여정을 모두 마치기까지 지속적으로 하나님의 능력으로 서는 믿음을 갖고 산다는 것입니다.

이런 참된 믿음은 결코 사람이 조작해서 만들어낼 수 없습니다. 능력 대결이나 방언으로 얻을 수 있는 것이 아닙니다. 열렬히 기도하는 분위기를 만들고, 온갖 악기로 연주하며 사람들을 흥분하게 만들어도, 참된 믿음을 소유하게 할 수는 없습니다. 참된 믿음은 하나님께서 오직 십자가의 도, 즉 복음 가운데 능력을 나타내실 때만 갖게 됩니다. 설교자는 이 사실을 확신해야 합니다. 그리고 아무리 사람들이 복음에 냉담하고, 심지어 복음 전하는 자신을 박해한다 해도, 결코 현실과 타협해 다른 것을 복음과 뒤섞어서는 안 됩니다. 사람들을 모으기 위한 기술에 열중하기보다 하나님만 바라보며 그분이 복음을 통해 이루실 일을 자신의 사역에서 기대하는 것이 필요합니다.

만물의 찌꺼기 같을지라도

사역하면서 생긴 일들 중에 기억에 남는 일이 몇 개 있습니다. 첫 번째는 호주에서 사역할 때 있었던 일입니다. 강단에서 열렬히 설교하고 있는데, 갑자기 한 성도가 회중석에서 일어나 예배당 뒤에 있는 앰프의 볼륨을 확 줄인 것입니다. 그때 잠깐 어쩔 줄 몰라 버벅거리며 설교했던 기억이 납니다.

또 다른 사건은 목회자 모임에서 있었습니다. 나는 거기서 『기독교, 세상의 함정에 빠지다』에서 말한 것을 축약해 전하고 있었습니다. 주어진 시간에 맞추기 위해 틈틈이 시간을 확인하는 것도 잊지 않았습니다. 그런데 허락된 시간의 3분의 2도 지나지 않아 예배당 뒤에서 설교를 마치라는 사인을 보내왔습니다. 참석자 중 한 목회자의 요청에 따라 여러 목회자가 뒤에서 계속 사인을 보내왔습니다. 이처럼 노골적인 설교 중단 요청에 결국 급하게 설교를 마무리했습니다. 나는 다른 집회에 가서도 사람들이 말씀을 듣지 않으려고 하면 적절히 마무리하곤 하는데, 이때도 마찬가지였습니다.

그밖에도 교회 사역을 하면서 내가 증거하는 말씀에 대해 사람들이 거부감과 적대감을 드러내거나 직접적으로 말하는 것을 계속 경험했습니다. 이처럼 복음을 전할 때 사람들의 냉담한 반응은 흔히 있는 일입니다. 심한 경우에는 강한 거부감을 드러내거나 공격하는 일도 있는데, 이는 앞선 믿음의 선배들도 경험한 바입니다.

이런 일이 일어나는 이유는 바른 진리, 곧 참된 복음을 전했기 때문입니다. 이상하게도 변질된 복음을 들을 때는 사람들이 대체로 호의적으로 반응합니다. 그러나 자신을 죄와 사망에서 구원하는 순전한 복음을 들을 때는 오히려 불편해합니다.

이같이 복음을 전하는 자는 어려움을 겪습니다. 오죽하면 바울이 "우리가 지금까지 세상의 더러운 것과 만물의 찌꺼기같이 되었도다"(고전 4:13)라고 말하기까지 했겠습니까. 여기서 '더러운 것'은 당시 이방인이 이방 신에게 바치던 인간 제물을 의미하는데, 이들은 사회에서 쓰레기 같은 취급을 받았습니다. 또 '만물의 찌꺼기'는 그릇 밑바닥에 붙어있는 오물을 뜻하는 것으로, 사람들에게 그런 오물로 취급당했다는 것입니다. 이것이 복음을 전할 때 경험하는 것입니다.

그러므로 진실로 복음을 전하는 종이 되고자 한다면, 좋은 반응과 대접을 기대하지 마십시오. 대부분의 신학생이나 젊은 목회자들은 자신이 설교하면 사람들의 반응이 좋아 교인이 금방 늘어날 것이라고 기대합니다. 그러나 그런 일은 좀처럼 일어나지 않습니다. 성장에 대한 그릇된 기대부터 바로잡아야 합니다. 그런 잘못된 기대에서 목회적 기술이나 설교의 기교에 몰두하는 일이 생기는데, 그러면 결국 하나님을 순전하게 의지하지 않게 됩니다. 그리고 그저 양적 부흥을 위해 대형 교회의 성공담만 좇게 됩니다.

하나님은 사람들에게 대접받는 목회와 설교를 좋아하지 않으십니다. 우리가 바울처럼 복음을 전하면 "그게 다입니까?" "당신의 말은 너무 편협하고 독선적인 것 아닙니까?" 하는 말을 들을 수 있습니다. 그렇다고 실제로 편협하고 독선적인 말과 태도를 옹호하는 것은 아닙니다. 순전한 복음에 그런 반응이 얼마든지 있을 수 있고, 실제로 있다는 것입니다. 그렇다 해도 우리는 하나님의 능력이 반드시 나타날 것을 확신하고 기대하며 순전한 복음을 전해야 합니다. 복음을 전할 때 하늘에서도 기뻐할 일, 곧 죄인이 회심하는 일이 있기 때문입니다.

참된 복음 안에서 회심한 사람은 계속 참된 역사의 증거가 됩니다. 결코 죄를 이기지 못할 것 같은 사람이 하나님의 능력으로 죄를 이기며 살게 되는 것입니다. 이것이 복음을 전할 때 나타나는 하나님의 능력입니다. 이는 설교자에게 참으로 큰 기쁨과 위로가 됩니다. 이처럼 복음을 전하는 자의 수고는 결코 헛되지 않습니다.

그러므로 복음을 전하는 자는 언제나 자신의 중심을 진실하게 살펴야 합니다. 과연 자신이 복음에 의한 사람인지, 복음을 이용해 개인적인 욕심을 채우고 있지는 않은지, 잘못된 우월감에 빠져 있지는 않은지 늘 점검해야 합니다. 개혁주의를 추구하기 때문에 자신은 당연히 순전한 복음을 전하고, 항상 옳게 설교하며, 바르게 목회하고 있다고 착각해서는 안 됩니다. 정녕 바른 복음을 전해 한 영혼이 회심하고 새 생명 가운데 사는 것을 다른 무엇보다 기쁘게 여기는지 스스로 돌아보아야 합니다.

주님 앞에 설 때까지 우리는 목회자로서 자신을 하나님 앞에 세워 놓고 항상 진실하게 하나님께 여쭈어야 합니다. 물론 각자의 장점이 있고, 사역에서 거둔 성과와 열매도 있을 것입니다. 하지만 그것은 목회자가 스스로 얻은 결과가 아닙니다. 목회를 통해 얻은 열매는 모두 성령에 의한 것입니다. 하나님의 능력으로 나타난 열매입니다. 이 사실을 명확히 기억해 결코 스스로 열매를 거두었다고 착각해서는 안 됩니다.

다른 자랑거리를 구하기보다 복음을 전함으로 하나님의 참된 능력이 나타나도록 하는 일에 모든 힘을 쏟읍시다. 죄와 사망을 해결하는 이 최고의 능력에 온 힘을 쏟으며 그 능력 보기를 구합시다. 목회자가 가져야 하는 가장 큰 소망은, 죄로 죽어가던 영혼이 하나님의 능력으로 살아나 영원한 구원에 이르는 것을 사역에서 보는 것입니다. 하늘의 천사들도 그토록 놀라워하는 영혼의 구원을 갈망하십시오.

복음은 목사직 유지를 위한 것이 아닙니다. 목사직 유지와 생존을 위해 목회하고 있다면 차라리 목사직을 내려놓음으로 복음을 보존하는 것이 훨씬 나을 것입니다. 목사 직분을 유지하기 위해 앞서 언급한 여러 유혹에 빠지는 것은 목사직과 사역을 거짓되게 감당하는 것입니다. 그보다는 그 직분을 내려놓고 복음을 보존하며 그 복음 안에서 사는 것이 자신도 구하고 다른 사람도 구하는 것이라고 믿습니다.

정녕 참된 목자라면 또 참된 목회자가 되고 싶다면, 이 혼탁한 시대에 순전한 복음을 전하십시오. 그리고 확신과 기대를 가지고 하나님의 능력 보기를 구하십시오. 조국 교회에는 순전한 복음 듣기를 열망하는 사람이 많이 있습니다. 또 그 복음을 통해 구원 얻어야 할 영혼도 많습니다. 그러니 사역자로 부름받았다면 모두 바울처럼 생명 다해 순전한 복음 전하기를 소망합니다.

뜨거운 심장으로
다시 '오직'(sola)을 회복하라

Sola Scriptura
Sola Gratia
Sola Fide
Solus Christus
Soli Deo Gloria

Part 4

왜 모두 개혁을 말하는가

GOSPEL

1. 개혁이 필요한 현실

"아합이 왕궁 맡은 자 오바댜를 불렀으니
이 오바댜는 여호와를 지극히 경외하는 자라
이세벨이 여호와의 선지자들을 멸할 때에 오바댜가 선지자 백 명을 가지고
오십 명씩 굴에 숨기고 떡과 물을 먹였더라"

_ 왕상 18:3-4

항상 개혁되어야 한다

1517년 10월 31일, 루터는 비텐베르크교회의 정문에 로마 가톨릭 교회의 면죄부 판매에 대해 조목조목 반박하는 한 장의 종이를 붙였습니다. 이로써 암울했던 중세 교회를 깨우는 종교개혁의 횃불이 타오르기 시작했습니다.

그로부터 약 500여 년이 지난 오늘날의 교회 역시 또 한 번의 개혁이 필요한 것처럼 보입니다. 신자와 불신자 구분 없이 교회의 병폐를 지적하는 목소리를 여기저기서 내고 있습니다. 그럼에도 우리의 영적 현실은 종교개혁 이전의 중세 교회보다 낫다고 할 수 없을 만큼 날로 악화되고 있습니다. 과거에는 교회에서 작은 사건 하나만 일어나도 전국이 시끄러웠는데, 이제는 세상 사람들도 교회의 부패를 당연한 것처럼 여길 정도가 되어버렸습니다.

작금의 교회 현실에서 우리는 긍정적인 모습을 좀처럼 찾아보기가 어렵습니다. 모두 진정한 교회의 개혁과 부흥이 그 어느 때보다 절실하다고 이구동성으로 말하고 있습니다. 하지만 그보다 먼저 우리가 과연 교회 개혁의 필요성을 진실로 절감하고 있으며, 진지한 고민과 책임감으로 이를 위해 헌신하고자 하는지 생각해볼 필요가 있습니다.

개혁의 당위성을 생각하는 것만으로는 아무 의미가 없습니다. 개혁은 우리의 사역과 삶에서 더욱 실제적이면서도 실천적으로 이루어져야 합니다. 하나님께서 오늘날 우리를 통해 교회를 개혁해 다시 한 번 땅에 떨어진 교회의 영광을 회복하기 원하신다면, 우리는 각자의 자리에서 무엇을 실제로 감당해야 할지 생각해야 합니다. 그렇지 않으면 아무리 개혁의 목소리를 높여도 그것은 그저 허공을 치는 소리가 될 뿐입니다.

수많은 사람이 교회 개혁의 필요성에 공감하고 오랜 시간 개혁을 외쳐왔는데도 우리의 영적 현실이 별로 나아지지 않는 이유는, 개혁의 방향과 내용에 대한 분명한 인식과 그에 따른 지속적인 실천이 부재하기 때문입니다. 특히 이러한 측면에서 오늘날의 지상 교회는 그 본질과 정체성을 보존하는 데 반드시 필요한 중요하고도 본질적인 한 가지 사실을 놓치고 있습니다. 그것은 바로 '지상 교회는 항상 개혁되어야 한다'는 것입니다. 개혁을 통해 하나님의 역사를 경험한 교회조차도 그 성공에 도취되지 말고 계속 개혁해야 합니다.

16세기에 일어난 종교개혁의 지향점은 타락이 극에 달했던 당시의 중세 교회를 개혁하는 데만 있지 않았습니다. 그 개혁은 이후 모든 지상 교회가 지속해야 할 개혁의 시발점이었습니다. 이후 개혁교회의 역사를 보면, 종교개혁 후로도 그 연장 선상에서 교회의 개혁을 계속해서 추진해왔음을 알 수 있습니다.

개혁교회는 로마 가톨릭교회의 계층적 구조를 버리고 성경대로 말씀과 성령을 통해 머리 되신 그리스도의 다스림을 받고자 했습니다. 이처럼 교회는 영적 민감성을 가지고 계속해서 개혁을 추구해야 합니다.

하지만 안타깝게도 오래지 않아 개신교 진영의 많은 교회가 이런 영적 민감성을 잃어버렸습니다. 이 땅의 교회는 계속해서 사탄의 공격을 받고 있으며, 성도들은 거듭났어도 여전히 죄와의 싸움을 지속해야 한다는 사실을 망각하거나 가볍게 생각했습니다. 그리고 더는 개혁에 힘쓰지 않는 교회가 생겨나기 시작했습니다. 탁월한 신학적 지식과 교리 체계는 있지만, 영적으로는 점점 메마르는 위선적인 교회가 많아졌습니다. 그리고 이는 결국 교회의 영적 도덕적 타락으로 이어지게 되었습니다.

지상 교회의 불완전함과 한계는 개혁교회 역사 전체가 아니라 한 교회의 역사만 살펴봐도 쉽게 알 수 있습니다. 탁월한 목회자가 성경에 충실하고 영적으로 건강한 교회를 세웠어도, 그 뒤의 목회자나 교회 주요 직분자들 또는 당회원들이 성경을 따르지 않는 잘못된 결정을 내릴 때는 결국 영적 타협과 타락의 길로 들어서는 일이 종종 있었습니다.

사탄과 세상으로부터 끊임없이 유혹받는 지상 교회는 항상 영적 타협과 타락의 위험에 노출되어 있습니다. 하나님과 말씀에 민감하지 않은 교회는 금방 사탄에 미혹됩니다. 세상 정신을 끌어들여 진리를 왜곡하고 현실과 타협하기 시작합니다. 또 이렇게 타협된 진리는 예배와 교회 사역, 조직 등 모든 신앙생활에서 그 중심을 하나님에서 인간으로 이동시킵니다. 이로써 교회와 신자는 형식적이고 위선적인 신앙생활을 하게 될 뿐 아니라, 교회의 개혁을 가로막고 그 타락에 일조하게 됩니다. 이 같은 위험이 상존하기 때문에 교회는 항상 하나님의 말씀에 민감하게 반응해 지속적으로 개혁하는 것이 필요합니다.

그러나 오늘날 많은 교회가 개혁 없이 그저 외적 성장에 역량을 집중하고 있습니다. 교회의 외적 성장에만 초점을 맞추면 실질적 개혁은 사실상 불가능합니다. 그러다 교회의 본질을 잊어버리거나 포기하기 때문입니다. 그러므로 개혁을 말하기 위해서는 먼저 성경이 말하는 교회와 현실의 교회가 얼마나 큰 차이가 있는지부터 깨달아야 합니다. 이 차이를 절감할수록 더욱 큰 개혁에 대한 당위성과 열망을 갖고 이를 시행하고자 애쓸 것입니다.

그러므로 여기서는 먼저 우리의 영적 현실을 세 가지 면에서 살펴봄으로 개혁을 잊은 조국 교회의 실상을 확인하고, 이어서 어떤 개혁을 해야 하는지를 다루려고 합니다.

개혁을 잊은 교회의 현실(1): 진리의 왜곡

우리의 영적 현실과 관련해 가장 먼저 다룰 것은 진리의 변질과 왜곡입니다. 사실 이는 오늘날만의 문제는 아닙니다. 역사상 그 폐단이 가장 극심했던 때는 역시 종교개혁 직전, 암울했던 중세 교회 시기라고 할 수 있습니다. 중세 교회는 하나님의 말씀인 성경의 권위를 무시하고 교황과 사제의 말에 최고의 권위를 부여함으로, 성경이 말하지 않는 자신들의 전통을 진리에 덧붙였습니다. 사람들은 성경만으로는 충분하지 않다는 생각으로 결국 성경이 말하는 구원과 전혀 다른 구원을 추구하기에 이르렀습니다. 곧 사람이 쌓은 공덕으로 스스로 구원에 이를 수 있다는 인간 중심적 구원론이 바로 그것입니다.

로마 가톨릭교회는 오직 예수 그리스도만이 하나님과 사람 사이의 유일한 중보자이며 죄인의 대속자라는 성경의 분명한 가르침을 무시하고 말았습니다. 사람들은 고해성사를 통해 사제들에게 사죄 선언을 받았습니다. 또 교회는 성찬 의식에 참여해 구원의 공로를 쌓을 수 있다고 가르쳤습니다. 그리스도께서 우리를 위해 구원에 필요한 모든 것을 행하셨음에 감사하고, 우리가 그분과 연합되었음을 확인하면서 구원의 은혜를 누리는 성찬을 왜곡해, 개인의 구원을 성취하는 도구로 전락시켜버린 것입니다.

진리의 왜곡은 여기서 그치지 않았습니다. 중세 교회는 사람들에게 성경과 다른 관점으로 세상을 보게 했습니다. 바로 거룩한 것과

속된 것을 나누는 이분법적 세계관입니다. 교회에서 일하는 사제들만 거룩하며 그 외의 세상 직업을 가진 사람들은 속되다는 가르침은, 사람들에게 세상의 속된 직업으로는 하나님께 영광 돌릴 수 없다는 인식을 심어주었습니다. 이런 왜곡된 가르침 때문에 사람들은 교회에 속해 있어도 구원의 복됨과 삶의 부요함을 누리지 못한 채 항상 죄의식을 갖고 살았습니다.

그러나 이처럼 성경의 권위를 무시하고 진리를 왜곡한 중세 교회의 모습은, 지속적인 개혁을 거부하는 오늘날 교회 현실에서도 거의 동일한 양상으로 드러납니다. 목회자는 인간 중심적으로 변질된 진리가 사람들을 성경과 전혀 상관없는 곳으로 이끌고 가는 지금의 상황을 직시해야 합니다. 그리고 참된 진리와 기독교 역사의 증언을 숙고해, 왜곡되고 변질된 진리에 파묻힌 오늘날 교회 현실에 크게 놀라고 울부짖어야 합니다.

세상의 지탄을 받을 정도로 성도의 삶이 무너져 내린 이유는 변질된 진리와 깊은 관계가 있습니다. 이런 현상을 보면서 최근에는 기독교 교리 자체를 회의적으로 보는 시각이 많아졌는데, 이는 문제의 원인을 제대로 진단하지 못한 것입니다. 성도의 삶이 붕괴된 것은 교리 때문이 아닙니다. 오히려 하나님 말씀의 권위를 무시하고 인간의 온갖 사상과 신앙을 진리에 덧붙이는 풍조가 그 원인입니다. 외양은 그럴듯하지만 실제로는 심각하게 타락한 교회 현실의 원인은 중세 교회처럼 진리의 왜곡과 변질에 있습니다. 이를 깊이 인지하는 것이 개혁의 시작입니다.

말씀의 권위를 무시하는 데서 시작되는 진리 왜곡

진리 변질의 핵심에는 늘 하나님 말씀의 권위를 무시하는 교회의 경솔함이 있습니다. 오늘날도 수많은 목회자가 '오직 성경'(*Sola Scriptura*)이라는 확고한 믿음에 따라 사역하기를 꺼립니다. 또 말씀만으로는 안된다는 말을 심심치 않게 합니다. 그러면서 인간적인 방법을 더욱 의지합니다. 교회 운영에 기업식의 마케팅 전략이나 심리학적 기법 등을 활용하고, 예배에 유명 연예인의 간증이나 여타 오락적인 요소를 도입합니다. 실제로 성경을 하나님의 말씀으로 고백하는 가장 보수적인 교단에 속한 교회들도 사람들을 동원하기 위해 이 같은 수단과 방법을 가리지 않습니다.

우리도 이 같은 현실과 무관하지 않기에 스스로 정직하게 묻고 답해야 합니다. 혹 당신도 한 사람의 구원과 교회 성장이 하나님의 말씀만으로는 불가능하다고 생각하지는 않습니까? 구원이 말씀의 능력으로 충분함을 알지도 인정하지도 못하는 사람은, 설사 겉으로 성경의 권위에 동의한다 하더라도 실제로는 진리의 변질에 일조하게 됩니다.

우리에게 중요한 것은 얼마나 많은 사람을 끌어 모으느냐가 아니라, 하나님께서 우리의 신앙과 사역을 어떻게 평가하시느냐 하는 것입니다. 이에 비하면 사람들의 호응이나 변화의 정도는 부차적인 것입니다. 이런 차원에서 목회자는 교회의 참된 역사는 말씀과 성령으로 이루어진다는 사실을 잊지 말아야 합니다. 건강한 교회로 세워지고, 한 영혼이 구원의 여정을 시작해 영화에 이르기까지 거룩함을 드러내며 영적 성숙을 이루어가는 것, 신자로서 그리스도 안에서 소유한 참된 기쁨과 복을 누리며 하나님께 진실한 감사와 영광을 올려드리는 생명의 역사는, 오직 말씀과 성령으로만 가능합니다.

하지만 오늘날의 많은 교회가 말씀이 아닌 다른 요소를 의존하려 합니다. 가령 찬양 사역에 중점을 둔 교회는 경쾌한 리듬과 자아를 만족시키는 가사로 사람들을 끌어들입니다. 그렇게 해서 찬양 집회에 사람들이 몰려오는 것을 두고 부흥이 임했고 교회가 성장했다며 기뻐합니다. 하지만 교회 사역이 음악에 의존하게 될수록 하나님 말씀의 권위와 능력의 충분성에 대한 인정과 경험적 지식은 점점 줄어들게 됩니다. 성경의 교리를 차근차근 배우고 하나님의 말씀을 심도 있게 살피는 일을 꺼리게 되는 것입니다. 또 성도들은 말씀으로 교훈 받고 자신의 문제를 다루며 영혼이 변화되는 것에서 멀어지게 됩니다. 그래서 교회에 있으면서도 겸손히 하나님의 말씀을 듣기보다 오직 자신이 듣고 싶거나 자신의 정서를 만족시켜주는 이야기를 듣고자 합니다.

성경이 신자의 신앙과 삶의 유일한 준칙이라는 것은 이제 먼 과거의 이야기나 그저 이론적인 주장 정도로 치부되고 있습니다. 신자가 자신이 들은 말씀을 통해 성령께서 역사하심으로 참된 생명을 소유하고 영적인 변화와 성숙을 경험한다는 것을 더는 실제 일어나는 일로 여기지 않습니다. 그보다는 자신이 직접 들었다는 하나님의 음성이나 특별한 체험에 더 주목합니다. 성경과 무관한 개인적 체험이나 직접 받는 계시로서 하나님의 음성 듣기를 추구하는 일 등이 유행하고 있는 것입니다. 이는 '오직 성경'이 무너진 오늘날 교회 현실의 단면입니다.

개혁을 잊은 교회의 현실(2):
구원 교리의 변질

다음으로 우리의 영적 현실과 관련해 주목할 내용은 구원 교리의 변질입니다. 성경은 인간이 구원을 얻기에 무능력하고 자격이 없다고 지적하며, 그런 인간을 위해 하나님의 아들이 이 땅에 육신을 입고 오셔서 죽으시고 부활하신 것을 복음으로 선포합니다. 그리고 오직 그리스도 예수 한 분만이 하나님과 인간 사이의 유일한 중보자임을 명확히 증언하고 있습니다.

하지만 로마 가톨릭교회는 성경의 가르침과 확연히 다른 구원론을 주장합니다. 구원의 공로는 교인 각자가 쌓는 것이라고 하며, 그들은 교황과 사제를 통해 하나님께 나아가고 있습니다. 이로 인해 사람들은 그리스도로 말미암은 구원의 기쁨과 감격, 자유와 안식을 누리지 못합니다. 로마 가톨릭의 가르침에 따라 스스로 공덕을 쌓다 위선과 율법주의에 갇혀, 지치고 메마른 신앙생활을 하게 되었기 때문입니다. 그런데 안타깝게도 로마 가톨릭교회가 변질시킨 구원의 복음이 오늘날 개혁교회에서도 매우 유사한 형태로 나타나고 있습니다.

예나 지금이나 복음은 세상이 놀랄 만한 기쁜 소식입니다. 또 교회는 이 복음을 소유하고 전하는 유일한 기관입니다. 특히 포스트모더니즘이 지배하는 현실에서 우리에게 복음은 그 어느 때보다도 더욱 절실히 요구되고 있으며, 그 복음을 소유한 교회의 중요성도 제기되고 있습니다. 그럼에도 교회는 자신이 소유한 값진 복음에 온갖 인본주의적 요소를 덧입히는 일을 서슴지 않고 있습니다. 이로 인해 죽어가는 영혼에게 영원한 생명을 소유케 하는 진정한 구원의 복음은 교회에서 점점 사라지고 있습니다. 이제 교회는 하늘의 복이 아닌 세상의 복만을 추구하라고 부추기는 통로가 되었습니다.

또 그리스도 안에서 누리는 참된 평안과 위로 대신 심리학적 기법을 통해 마음을 치유하는 거짓 복음이 교회에 버젓이 들어와 수용되었습니다. 심지어 교회 바깥에 있는 사람들의 마음을 사로잡기 위해 복음을 세상 문화와 뒤섞는 일도 빈번해졌습니다. 세상 문화에 민감한 젊은 사역자들에게서 이런 모습은 더욱 두드러지게 나타납니다.

이로 인해 유일한 가치를 지닌 복음은 세상 문화에 점점 종속되어가고 있습니다. 데이비드 웰스(David Wells)는 세상 문화에 침식된 복음이 유행하는 현실을 다음과 같이 지적했습니다.

> 우리가 전해야 하는 복음은 우리 문화의 어두움을 밝히며 대안을 제공하는 복된 소식이어야 하는데, 오히려 문화의 어두움을 반영하는 복음이 되었다.[58]

복음의 변질은 필연적으로 교회의 도덕적 영적 타락을 초래합니다. 중세 교회가 바티칸성당을 짓기 위해 면죄부를 판매한 것처럼, 오늘날의 교회도 구원을 담은 복음을 상품으로 팔고 있습니다. 이처럼 복음이 매우 다양한 형태로 상품화되어 판매되고 있어서, 그야말로 소비자 중심적인 복음의 시대가 되었습니다.

복음이 소비자 중심적으로 변했다는 것은 곧 인간 중심적으로 변질되었음을 의미합니다. 이런 변질된 복음에 노출된 사람은 구원의 문제에서 자신이 가진 조건, 즉 구원에 필요한 어떠한 의로움이나 공로도 스스로 취할 수 없음을 깨닫지 못합니다. 유일한 구원자이신 예수 그리스도와 그분이 지신 십자가의 의미와 가치도 정확히 알지 못한 채 기독교 신앙을 갖게 됩니다. 특히 교회에 다니는 사람들조차 구원은 자신에게 달려있으며 자신의 수고와 노력을 통해 구원에 기여할 수 있다고 생각하게 됩니다.

오늘날의 시대정신인 포스트모더니즘은 한국 교회 신자들이 전혀 성경적이지 않은 구원관에 더욱 깊이 빠져들게 합니다. 이제 교회에서도 예수 그리스도를 구원이라는 산에 오르는 여러 길 중 하나로 여기는 사람을 심심치 않게 볼 수 있습니다. 시대정신에 의해 변질된 복음은 물론, 과거와는 확연히 다른 예수님에 대한 생각과 태도가 교인들의 중심에 자리 잡고 있는 것입니다. 교회에서조차 하나님의 은혜와 믿음에 대한 성경적 이해를 갖는 것이 갈수록 어려워지고 있습니다.

데이비드 웰스는 이러한 현실을 "(성경에서 말하는) 도덕적 언어 대신 치유 중심적 언어를 선호하고, 거룩함 대신 건전함을 추구하는 것으로 바뀐 것"[59]에서 알 수 있다고 했습니다. 거룩과 성결은 하나님의 속성인 동시에 신자가 닮아야 할 도덕적인 성격을 지니고 있습니다. 하지만 오늘날 많은 목회자가, 사람들이 성경에서 말하는 거룩과 성결의 의미를 거북하게 여긴다는 이유로, 의도적으로 이 용어들의 개념을 변형시켰습니다. 이제 교회에서 거룩과 성결은 건전함 정도의 의미로 사용되고 있습니다.

이에 따라 죄의 개념도 달라졌습니다. 이제 목회자들은 죄를 일종의 역기능, 혹은 인간의 연약함 정도로 치부합니다. 주님께서 우리를 죄와 사망에서 구원하신 일의 의미도 크게 축소되었습니다. 영원한 운명의 변화라는 실로 형언 못할 구원의 은혜와 신비가, 그저 현실에서 상한 마음을 위로받고 어려운 상황을 극복하는 수준으로 격하되었기 때문입니다.

점점 가중되는 혼란

오늘날 많은 교회가 예수 그리스도만으로는 충분하지 않다고 말하는 복음을 붙들고 있습니다. 그야말로 자기중심적인 복음, 더 노골적으로 말하면 사이비 복음에 불과한 것을 믿으며 전하고 있는 것입니다. 이는 결코 하나님의 진리에 무지한 몇몇 사람만의 이야기가 아닙니다. 교회의 수많은 사람이 성경이 말하는 복음의 핵심적 내용을 제대로 알지 못하고 있습니다.

근래에 큰 주목을 받고 있는 칭의 논쟁도 이 같은 맥락에서 생각해볼 수 있습니다. 소위 '새 관점'(new perspective on Paul)을 지지하는 사람들은 이신칭의 교리를 성경의 진리가 아닌 종교개혁이라는 역사적 사건의 부산물 정도로 생각합니다. 또 성경의 여러 진술과 제2성전기의 자료를 근거로 믿음만으로는 구원받을 수 없고, 의롭다 함을 얻기 위해서는 개인의 순종이 필요하다고 주장합니다. 이들의 수정된 칭의론은 타락한 교회 현실에 환멸을 느끼던 목회자들에게서 큰 호응을 얻었습니다.

그러나 이런 현상의 기저에는 개혁주의가 말하는 칭의 교리에 대한 근본적인 오해가 깔려 있습니다. 종교개혁자들은 중세 교회가 변질시킨 구원론을 바로잡으면서, 신자는 그리스도의 공로로 말미암아 오직 믿음으로 의롭다 함을 얻게 된다는 이신칭의 교리를 확립했습니다. 동시에 거룩한 삶을 뜻하는 성화 역시 칭의와 결코 분리될 수 없는 구원의 여정으로 설명했습니다. 이렇게 칭의와 성화를 분리하지 않는 것은 성경이 말하는 바이며, 실제 개혁주의자들의 가르침이었습니다.

문제는 '항상 개혁되지 않는 교회'에 의해 칭의 교리가 왜곡되고 온갖 폐단이 생겨났다는 것입니다. 교회는 왜곡된 진리를 바로잡아 성도의 신앙과 삶을 온전한 방향으로 이끌어야 하는데, 이를 외면하고 개혁을 멈춘 것이 화근이었습니다. 이로 인해 종교개혁 전통이 있는 교회에서도, 칭의의 은혜를 입었다면서도 거룩한 삶을 소홀히 하고 방종에 빠지는 사람들이 생겨났습니다. 심지어 청교도 중에서도 방종하게 살지는 않았지만 율법폐기론을 주장하는 사람들이 있었고, 그 영향으로 실제 방종한 삶으로 나아가는 이들도 있었습니다. 지금도 교회에는 이들처럼 방종해 세상 사람과 별다를 바 없이 살아가는 사람이 많이 있습니다. 이 모든 것은 '항상 개혁되어야 하는 교회'가 개혁을 멈출 때 발생하는 현상입니다.

새관점주의자들 또는 수정된 칭의론을 주장하는 사람들은 일그러진 교회 현실의 원인을 칭의 교리와 연관짓습니다. 하지만 교회의 비참한 현실을 야기한 근본적인 문제는 칭의 교리가 아니라 개혁을 멈춘 교회와 성도에게 있습니다. 새관점주의자들은 현실 문제의 대안으로 칭의 교리를 수정했지만, 이들의 주장은 순종이나 행함을 칭의의 조건으로 덧붙임으로 중세 교회가 가르친 율법주의적 구원관으로 회귀하는 것에 불과합니다. 이로 인해 오히려 교회는 중세 시대의 오류를 반복할 위험에 처하게 되었습니다.

이러한 진리 왜곡의 궁극적 결과는 배교입니다. 오랜 세월을 거치면서 기독교 진리에는 여러 불순물이 뒤섞이게 되었습니다. 이 불순물에는 실용주의, 심리학, 인본주의적 철학, 포스트모더니즘, 종교다원주의 등이 포함되어 있습니다. 온갖 불순물이 섞인 왜곡된 진리를 따르는 사람은 결국 배교의 길로 나아가게 됩니다. 이것이 오늘날 교회에서 교리 개혁이 필요한 이유입니다.

하지만 안타깝게도 많은 교회가 복음의 왜곡과 변질을 심각하게 생각하지 않고, 심지어 하나님조차 인간의 만족과 성공을 위해 존재하신다고 가르치며, 성경의 진리를 세상과 타협하는 일에 별로 거리

낌을 느끼지 않습니다. 우리는 이러한 현실을 직시해야 합니다. 교회 안팎으로 드러난 현상만 보면서 개혁을 외치지 말고, 이 모든 일의 근본적 원인인 하나님의 진리가 왜곡된 현실을 뼈저리게 통감해 교리부터 개혁해야 합니다.

성경의 권위를 무시하고 온갖 세상 정신을 진리에 덧붙인 결과는 비극적입니다. 이로 인해 현대 교회의 영적 실태는 여러모로 중세 교회와 닮게 되었습니다. 외적으로는 차이가 있겠지만, '성경이 신자의 신앙과 삶의 준칙으로서 충분치 못하다'는 인식에서 출발한다는 점에서는 동일합니다. 중세 교회가 구원의 진리를 왜곡해 신자의 삶을 망가뜨린 것처럼, 현재 교회가 겪는 문제 역시 진리의 변질로 발생했다는 것입니다. 심지어 어떤 면에서는 과거보다 더 큰 폭의 교리적 이탈이 나타나기까지 합니다.

모두 개혁을 말하지만, 당신은 과연 무엇을 보면서 개혁의 필요성을 말하고 있습니까? 그저 눈에 보이는 현실만 다루는 것으로는 불충분합니다. 더욱 핵심적이고 근본적인 문제, 즉 진리의 변질을 먼저 다루어야 합니다.

개혁을 잊은 교회의 현실(3):
교회 됨의 상실

우리의 영적 현실과 관련된 또 다른 문제점은 '교회 됨'의 상실입니다. 특히 이 문제는 교회의 조직과 그 모든 영적 활동에서도 드러나지만, 무엇보다도 교회 됨을 공동체적으로 경험하는 것의 핵심인 예배를 중심으로 두드러지게 나타나고 있습니다. 즉 예배의 중심이 하나님에서 인간으로 옮겨감으로 문제의 실상을 분명히 드러내고 있습니다. 인간 중심의 예배가 초래하는 폐해는 중세 교회의 얼룩진 모습에서 충분히 유추해볼 수 있습니다.

중세 교회는 외형적으로는 교회의 모습을 갖췄을지 모르나, 실제로는 성경이 제시하는 교회의 표지(標識)를 온전히 갖추지 못했습니다. 예배에서 선포되는 진리의 말씀, 거룩한 성례, 지체 간의 교제, 영혼의 양육, 각종 봉사와 헌신 등 모든 면에서 중세 교회는 성경이 말하는 바와 달랐습니다. 이와 더불어 온갖 성상과 성자의 유품을 숭배하며, 미신적이고 마술적인 경건을 추구하기도 했습니다.

특히 중세의 예배는 하나님을 경배하고 그분과 교통하는 은혜의 시간이 아니었습니다. 타종교처럼 그저 인간적인 공로를 얻기 위해 참여하는 종교적 의식에 불과했습니다. 이처럼 예배가 타락하자 그리스도의 몸 된 교회는 하나님을 향한 참된 생명력과 그리스도 안에서의 유기적인 모습을 상실하게 되었습니다. 중세 교회는 더는 그리스도의 몸이 아닌 그저 인간이 만든 계층 구조를 가진 하나의 종교 조직에 불과하게 되었습니다.

이런 교회 타락의 중심에는 성직자가 있었습니다. 이에 대해 이상규 교수는 "중세 교회가 타락했다는 말은 성직자가 타락했다는 뜻"[60]이라고 지적했습니다. 즉 중세 교회는 성직자들이 돈과 성(sex)을 사랑한 것으로 시작해, 권력과 명예에 대한 욕망으로 교회를 변질시켰다는 것입니다.[61] 더 나아가 이상규 교수는 중세 교회가 부패할 수밖에 없었던 이유로 인적 요인을 말하면서 '성직 교육의 부재'와 '(수준 미달의) 성직자 양산'을 지적했습니다.[62] 16세기 당시 유럽의 전체 인구는 약 1억 정도로 추산되는데, 그중 약 500만 명이 성직자 직분을 가지고 있었고, 계산대로라면 인구 20명당 1명의 사제가 있었던 셈입니다.[63] 그마저도 지적 영적 도덕적으로 전혀 수준이 안 되는 사람들이 성직자가 된 것입니다. 그런데 이처럼 중세 교회의 부패를 부추긴 과도한 성직자 양산은 오늘날 우리 조국 교회에서도 거의 비슷한 양상으로 나타나고 있습니다.

현대 교회의 사람들도 내실 없이 커져버린 외형 속에서, 멋진 예배당 건물에 모여 예배드리고 각종 모임을 갖고 교회 이름으로 봉사하며 교제하지만, 진정한 교회 됨을 구하기보다는 그저 자신들끼리 열심히 교회생활하는 수준에 머무를 때가 많습니다.

성경이 말하는 교회 됨에서 정말 중요한 것은 신자가 교회의 지체가 되어 그리스도의 몸으로서의 교회 됨을 실제로 경험하는 것입니다. 즉 그리스도께서 교회의 머리로서 교회의 모든 사람을 말씀과 성령으로 다스리시는 것을 삶에서 경험해야 한다는 것입니다. 교회사에서 있었던 모든 하나님의 생명의 역사는 이러한 그리스도의 다스림 속에서 일어났습니다. 그렇게 신자는 하나님의 신적인 역사를 통해 그리스도의 몸으로서의 교회를 경험하는 것입니다. 그러면서 신자는 교회의 한 지체로서 영혼의 성숙과 하나님을 닮아가는 거룩한 삶을 경험하고 이를 더욱 추구하게 됩니다. 이런 생명의 역사와 그에 따른 변화는 세상에서 경험할 수 없으며, 오직 교회에만 있습니다.

바울은 에베소서 4장에서 교회의 정체성이 무엇이며, 하나님께서 교회를 위해 무엇을 하셨는지, 또 교회에 속한 우리는 어떻게 하나님의 뜻에 합당하게 살아야 하는지에 대해 말합니다.[64] 하지만 오늘날의 신자들은 바울이 말하는 이런 교회 됨을 거의 이론으로만 알 뿐, 경험적으로는 잘 알지 못하는 것 같습니다. 교회에 최소한의 소속감 정도만 가진 채 교회생활하는 사람이 적지 않습니다. 그래서 간혹 작은 문제라도 일어나면 참지 못하고 곧장 교회를 옮깁니다. 이는 교회의 머리가 되어 말씀과 성령으로 우리를 인도하고 변화시키시는 그리스도를 알지 못하기 때문입니다.

교회 됨을 알지 못하는 것은 비단 성도들에게만 해당되는 문제는 아닙니다. 목회자 중에서도 성경이 말하는 교회 됨을 온전히 알지 못하는 사람이 제법 많습니다. 많은 목회자가 교회는 하나님의 생명을 가졌으며, 성도는 그리스도의 몸에 속한 지체로서 성령의 하나되게 하심을 따라 존재한다는 사실을 실제적인 것으로 생각하지 않습니다.

신자는 자신의 교회에서 영혼의 양식을 공급받아 영적으로 성장하며, 지체들과 함께 영적인 공동체를 세워 나갑니다. 이는 결코 추상적인 이론이 아니라 교회가 지녀야 할 모습에 대한 성경의 가르침입니다. 그러므로 교회의 지체들이 영적 메마름과 죽음의 상태에 있는 교회는 전혀 교회답지 않다고 할 수 있습니다. 교회의 본질인 하나님의 생명에서 멀어져 있기 때문입니다.

그럼에도 목회자조차 이러한 교회의 본질을 제대로 알지 못한 채, 교회 됨을 단순히 외적 성장을 통해 하나의 조직을 이루는 수준으로 생각하는 일이 흔합니다. 이렇게 교회에 대해 잘못된 이해를 가진 목회자들이 세운 교회로 인해, 구원의 진리도 교회 됨도 제대로 알지 못하는 신자가 점점 많아지고 있습니다. 이와 비례해 구원과 신앙생활에서 교회적 차원을 배제하고 개인적인 것으로만 여기는 경향은 날이 갈수록 짙어지고 있습니다. 근래 들어 '가나안 성도' 즉 스스로 신자라고 말하면서 교회에 나가지 않는 사람이 증가하는 것은 이런 사실과 깊이 연관되어 있습니다.

예배의 변질

무엇보다 우리가 드리는 예배에 대해 세심히 살펴볼 필요가 있습니다. 가톨릭교회의 예배 분위기가 어떻습니까? 대부분의 사람은 성당의 엄숙하고 외적으로 경건해 보이는 분위기에 매료됩니다. 겉보기에는 그들의 미사가 개신교의 예배보다 더 진실해 보이기도 합니다. 그러나 현재 미사는 라틴어로 진행하던 것을 바꾼 것 외에는 중세 교회의 예배와 별다를 바가 없습니다.

우선 로마 가톨릭교회의 예배는 그 출발점부터 중세 시대와 별 차이가 없습니다. 그들의 미사는 하나님께서 인간에게 베푸신 구원의 은혜에 감사해 그분께 영광 돌리며 경배하는 것에 초점이 맞춰져 있지 않습니다. 오히려 개인의 구원을 얻기 위한 목적이 강할 뿐 아니라, 심지어 그조차도 사제를 의존하는 매우 의식적인 성격을 띠고 있습니다. 여기에 수많은 성상과 성자 숭배가 곁들여집니다. 이는 성경이 말하는 예배와는 동떨어진 모습입니다.

그 의식적인 예배의 중심에는 하나님이 아닌 인간이 자리 잡고 있습니다. 이것이 가톨릭 예배의 치명적 결함입니다. 이에 대해 싱클레어 퍼거슨(Sinclair Buchanan Ferguson)은 중세 예배의 실태를 날카롭게 비판했습니다.

> 중세 예배의 비극은 바로 이것이다. 즉 더는 성경 강해에서 폐부를 꿰뚫듯 명료하게 하나님이 전해지지 않고 성령의 임재도 더는 현실이 아니었을 때 사람들에게 주어진 것은, 참된 성찬이 아닌 의식이었고, 분명한 설교가 아닌 미스터리였으며, 교리적 이해의 명쾌함이 아닌 모호함이었고, 하나님에 대한 지식으로 도덕적으로나 영적으로 강하게 하는 교리가 아닌 드라마(중세 연극)였다. 그래서 영적 공백이 생겼고 붕괴는 필연적이었다.[65]

문제는 오늘날 개신교회의 예배가 중세 교회의 변질된 모습을 따르고 있다는 것입니다. '우리는 신 중세주의로 가는 매끄러운 경사지에 있다'는 퍼거슨의 지적처럼, 우리의 예배는 신 중세주의의 색채로 짙게 물들어가고 있습니다.

최근 들어 교회들이 예배 시간을 점점 줄이고 있습니다. 기도를 생략하는 등 예배 순서를 간략하게 만들고, 설교 시간 역시 크게 줄였습니다. 대신 성가대나 찬양팀의 비중이 점점 커지고 있습니다. 프로 지휘자와 성악가가 사례를 받고 교회의 성가대에 서고 있습니다.

드럼이나 전자 기타 등의 악기가 예배에 도입된 것은 이미 오래전입니다. 각종 악기가 만들어내는 흥겨운 리듬에 청중은 쉽게 자극받고 흥분합니다. 화려하게 치장된 예배당에는 사람들을 즐겁게 해주는 여러 오락적인 요소가 즐비합니다.

현란한 조명이 강대상의 설교자를 비추는 가운데 사람들은 마치 영화관 관람석 같은 자리에 앉아 예배를 드립니다. 설교자도 강단에서 성경말씀과 전혀 상관없는 만담이나 유머 등을 쏟아내는 일이 흔합니다. 한편 광고시간에는 주목할 만한 헌금과 교회에 기여한 어떤 행위와 일, 이 세상에서 받은 상과 이룬 성공, 높은 지위를 갖게 된 사람의 이름이 대형 스크린에 게시됩니다.

이처럼 오늘날의 예배는 모든 면에서 그 초점이 사람을 높이고 만족시키는 데 맞춰져 있습니다. 그야말로 철저히 인간 중심적인 예배인 것입니다.

과연 하나님께서 이 같은 예배를 기뻐하실까요? 하나님의 말씀을 통해 역사하는 성령의 능력을 충분한 것으로 여기지 않는 이런 예배를 받으실까요? 오늘날 교회의 가장 큰 문제 중 하나는, 언제부터인가 자신들이 거룩하신 하나님 앞에서 예배드리고 있다는 사실을 망각하고 있다는 것입니다. 하나님을 의식하고 그분의 거룩하심을 따라 예배드리려 하지 않고, 대신 우리의 눈과 귀를 즐겁게 해주는 음악과 여러 심미적인 요소로 예배를 채우려고 합니다. 그래서 예배에서 하나님의 말씀을 듣는 설교 시간의 비중은 점점 줄어들고 그 빈자리에는 찬송(노래)과 드라마, 공연, 영상 등이 들어서게 되었습니다.

이런 인간 중심의 예배는 신자의 삶에 지대한 영향을 끼칩니다. 바로 하나님보다 자신을 중시하는 가치관이 신앙생활에 녹아들어 결국 그 중심을 차지하게 됩니다. 이는 하나님이 신자의 삶의 중심에서 배제된다는 것을 의미합니다. 이처럼 인간 중심적인 예배는 신자를 자기중심적인 신앙생활로 자연스럽게 이끌어 갑니다.

건강한 신자의 삶은 올바른 진리 및 진리에 따른 온전한 예배와 직결되어 있습니다. 그러므로 진리가 변질되면 예배가 인간 중심적으로 변모하게 되고, 이에 따라 신자들은 예배를 통해 습득한 인간 중심적인 가치체계로 신앙생활하게 됩니다. 오늘날의 교회와 성도들이 세상의 지탄을 받는 원인이 여기에 있습니다. 교리적 이탈에서 시작된 예배의 변질이 인간 중심적 가치관을 소유한 신자를 양산한 것입니다.

이런 사람은 교회에 다니면서도 하나님을 삶의 주인으로 모시지 않습니다. 여전히 자신이 주인 되어 살아갑니다. 그래서 교회에서 조금만 자존심 상하는 일이 있으면 견디지 못합니다. 이렇듯 세상 사람과 전혀 다를 바 없는 모습은 그들의 믿음에 대해 의문을 갖게 합니다.

예배의 주인이며
중심이신 하나님

한편 오늘날 예배의 회복을 주장하면서 새로운 예배를 추구하는 사람들도 있습니다. 만인제사장주의에 입각해 교회의 모든 사람이 함께 예배를 인도하고 참여하는 방식을 도입하려는 교회들이 나타나고 있습니다. 이와 유사하게 '유기적인 교회 운동'을 하는 사람들은 교회구성원이 모두 영적 지도나 예배 인도를 할 수 있으며, 이것이 바로 교회가 성령의 지배를 받는 것이라고 말하기도 합니다.

그러나 이러한 시도 역시 그 중심에는 하나님이 아닌 인간이 있습니다. 교회에는 하나님께서 두신 질서가 있다고 성경은 말합니다. 하나님께서는 개개인의 우월함을 따져 직분을 맡기지 않으십니다. 오직 하나님이 중심 되는 교회를 세우기 위해 교회적인 부르심에 따라 직분을 맡기십니다. 목사라도 어떤 면에서는 성도보다 못할 수도 있습니다. 그럼에도 성도들을 영적으로 지도하고 인도하는 것은 하나님께서 그들을 교회적인 부르심을 통해 세우셨기 때문입니다. 이러한 점에서 유기적인 교회 운동이나 만인제사장론에 입각해 누구나 목사의 역할을 할 수 있다고 하는 교회는, 성경이 말하는 교회적인 부르심이나 하나님이 교회 직분자를 세워 이끄시는 질서 또는 그리스도를 머리로 해 그들을 통해 말씀과 성령으로 다스리시는 질서 등을 염두에 두지 않는다고 할 수 있습니다.

예배의 목적은 하나님을 온전히 경배하는 데 있습니다. 그리스도인이라면 누구나 그런 예배를 인도할 수 있다고 생각할지 모르지만,

바울은 에베소서 4장에서 어떤 사람은 목사로, 어떤 사람은 선지자로, 또 어떤 사람은 교사로 세우셔서 직분에 합당한 사역을 감당하도록 하셨다고 말합니다. 이 말씀에는 하나님께서 그리스도의 몸 된 교회를 세우셨다는 것과, 그 가운데 예배의 목적인 하나님 경배하는 일을 온전히 드러내기 위해 각 직분자를 세우셨다는 의미가 담겨 있습니다. 하나님은 이러한 교회적 부르심으로 세운 자들을 통해 교회의 질서를 나타내셨습니다. 그러므로 성경이 말하는 교회의 질서를 무시하고 만인제사장의 개념을 남용해, 구별 없이 모두가 예배와 교회활동에 참여해야 한다고 주장하는 것은 이 말씀에 대한 바른 이해가 아닙니다. 오히려 이러한 이해의 동기와 이유는 그 중심을 하나님이 아닌 인간에게 두는 데 있습니다.

사람들은 예배드리고 나서 보통 이렇게 말합니다. "나 오늘 은혜 받았어." "오늘 예배 참 좋았어." 이런 반응은 모두 자신이 예배를 통해 무엇을 느꼈고 어떤 감동을 받았는지에 집중되어 있습니다. 하지만 이는 신자로서 우선적으로 생각해야 할 예배의 결론이라고 할 수 없습니다. 참된 신자가 예배에서 얻어야 하는 결론은, '하나님을 온전히 예배했는가' 또는 '예배를 통해 하나님을 영화롭게 했는가'에 대한 답입니다. 예배드리고 난 뒤에 여전히 마음이 힘들고 허전하더라도 하나님을 온전히 예배했다면 그 사실로 충분히 만족할 수 있어야 합니다.

예배의 개혁 역시 교회 개혁의 한 뼈대요 핵심입니다. 예배의 개혁 없이는 참된 교회의 개혁과 변화를 말할 수 없습니다. 인간 중심적으로 변질된 오늘날의 예배를 하나님 중심적인 예배로 회복하는 개혁이 지금 시점에서 매우 절실합니다. 오랜 시간에 걸쳐 변질된 우리의 현실을 감안할 때 예배의 개혁은 매우 어렵고 요원해 보이지만, 그럼에도 이 문제를 놓고 하나님 앞에서 함께 구하고 고민하며 기꺼이 개혁하고자 해야 합니다. 사역 현장에서 예배의 개혁을 위해 구체적으로 할 일을 생각해보십시오. 그리고 성경을 벗어난 것과 인간적이고 인위적인 것부터 하나씩 개혁하십시오.

2. 이것이 개혁이다

"아합이 오바댜에게 이르되
이 땅의 모든 물 근원과 모든 내로 가자 혹시 꼴을 얻으리라
그리하면 말과 노새를 살리리니 짐승을 다 잃지 않게 되리라 하고
두 사람이 두루 다닐 땅을 나누어 아합은 홀로 이 길로 가고
오바댜는 홀로 저 길로 가니라"

_ 왕상 18:5-6

끊임없는 영적 전투

종교개혁이 일어난 후에도 개혁교회에서는 예기치 못한 문제와 갈등이 계속해서 발생했습니다. 극단적 개혁을 주장하는 재세례파가 대두하는 등 개혁파에서도 수많은 주장이 난립해 서로 다투고 분열되었습니다. 여기서 볼 수 있듯이 단회적 개혁으로는 모든 문제가 해결되지 않습니다. 오히려 믿음의 선배들은 개혁을 시작으로 끊임없는 영적 전투를 벌여야 했습니다. 이 과정은 결코 쉽지 않았고 낭만적이지도 않았습니다. 그들은 피 흘리기까지 처절하게 현실과 맞서 싸워야 했습니다.

하지만 이런 역사적 교훈을 망각한 많은 사람이 일정 조건을 충족시키면 개혁과 부흥이 자동적으로 일어난다고 생각했습니다. 19세기의 찰스 피니처럼 인간의 특정 행동에 대해 하나님께서 기계적

으로 반응하셔서 부흥이 일어난다는 것입니다. 하지만 단 한 번도 인간의 행동에서 부흥이 촉발된 적은 없습니다. 그럴 수 있는 것처럼 주장하는 이론과 조작된 부흥이 있긴 했지만, 참된 부흥과 개혁은 언제나 하나님에게서 비롯되었습니다. 하나님과 말씀에 사로잡힌 한 사람 혹은 한 무리에서 부흥은 시작되었습니다. 이처럼 진정한 개혁과 부흥의 역사에는 성령께서 말씀을 통해 하나님의 백성을 각성시키고 크게 감동시켜 사용하시는 일이 예외 없이 있었습니다.

그러므로 우리는 교회의 개혁을 어떤 운동이나 캠페인으로 생각해서는 안 됩니다. 개혁은 구호와 선동으로 되지 않습니다. 현실의 문제점을 진단하고 개선하는 정도로 가능한 일도 아닙니다. 성경이 말하는 참된 개혁은 수많은 군중이 광장에 모여 함께 기도하고 구호를 외친다고 일어나지 않습니다.

구약성경에 기록된 히스기야의 개혁은 우리가 추구해야 하는 성경적인 개혁에 대한 이해의 단초를 제공합니다. 구약학자 월터 카이저는 본문의 내용을 부흥과 관련해 설명하는데, 부흥과 개혁은 매우 밀접하게 연관되어 있으므로 이를 교회 개혁에 관한 말씀으로 이해하는 데는 큰 무리가 없을 것입니다.

히스기야는 타락한 남유다의 영적 현실을 대대적으로 개혁했습니다. 얼마나 치밀하고 철저하게 개혁했던지 '어떻게 이렇게까지 개혁할 수 있었을까?' 하는 의문마저 생길 정도입니다. 개혁의 어려움을 사역에서 체감한 사람이라면 이 의문의 정도는 더욱 깊을 것입니다. 그렇다면 유다 왕 히스기야는 어떻게 그처럼 철저하게 개혁할 수 있었을까요?

개혁의 심장

성경은 히스기야의 개혁이 어떤 계기로 시작되었는지 말하고 있지 않습니다. 하지만 우리는 본문을 통해 개혁의 원인이 된 두 가지 결정적 단서를 발견할 수 있습니다.

첫 번째는 열왕기하 18장 6절 상반절에서 볼 수 있습니다. 여기서 열왕기 저자는 히스기야에게 "그가 여호와께 연합하여"라는 표현을 덧붙이고 있습니다. 이는 문자적으로 여호와께 꼭 붙어있다는 의미입니다. 그런데 여기서 사용된 '연합하다'라는 단어는 '사랑하다'(왕상 11:2)의 의미도 있습니다. 이러한 열왕기 저자의 기록을 감안한다면, 적어도 히스기야는 하나님과 매우 친밀한 관계였으며 하나님을 진정으로 사랑했음이 분명합니다.

히스기야가 하나님의 계명에 순종한 사실(왕하 18:6 이하)은 그가 하나님과 맺고 있는 관계와 밀접하게 연결되어 있었습니다. 히스기야는 항상 하나님 곁에 붙어있고 싶을 정도로 하나님을 사랑했을 뿐 아니라 말씀 역시 깊이 사랑했습니다. 이처럼 히스기야의 개혁은 하나님과의 관계 속에서 말씀에 순종하고자 했을 때 일어났습니다.

또 다른 단서는 열왕기하 18장 3절에서 발견할 수 있습니다. 히스기야는 조상 다윗의 모든 행위와 같이 여호와께서 보시기에 정직하게 행했습니다. 4절에서 개혁이 단행되었다는 내용이 등장하기 바로 전에 이 내용이 기록되어 있습니다. 그는 다윗을 개혁의 본보기로 삼았습니다. 하나님을 더욱 사랑하고 말씀에 순종하는 일에서 다윗은 최고의 모범이기 때문입니다.

그렇다면 다윗을 본받은 히스기야의 눈에는 당시의 영적 현실이 어떻게 비쳤을까요? 그의 시야에 가장 먼저 들어온 것은 산당에서 분향하는 백성이었습니다. 당시에는 오직 예루살렘 성전에서만 예배드려야 했지만, 이들은 제멋대로 산당에서 제사를 드렸습니다. 심지어 하나님과 이방 신을 함께 산당에서 섬기는 일까지 있었습니다.

모든 예배는 하나님께서 정하신 규례를 따라 드려야 했습니다. 하지만 유다 백성은 이를 무시하고 자기 방식대로 예배드렸습니다. 어쩌면 그들은 산당 예배를 신선하게 받아들였을지도 모릅니다. 마치 오늘날의 몇몇 교회가 예배를 사람의 기호에 맞게 파격적으로 변형시킨 것을 보면서 사람들이 새로움을 느끼는 것과 같을 수 있습니다.

하지만 믿음의 선진을 따라 사랑하는 하나님의 말씀에 순종하려던 히스기야에게 산당 제사는 전혀 다른 시각으로 보였습니다. 그는 더는 그런 제사를 방치할 수 없었습니다. 유다의 영적 실태가 하나님의 말씀에서 너무도 멀리 이탈했음을 깨달았기 때문입니다. 그것도 철저한 개혁의 필요성을 절감할 정도로 아주 상세하게 그 실상을 파악했던 것입니다.

히스기야의 개혁은 바로 이 두 가지 단서에서 비롯되었습니다. 그는 정녕 하나님을 진실하게 사랑했습니다. 그리고 자신이 사랑하는 하나님의 관점에서 유다의 영적 현실을 보았을 때 그의 마음은 뜨겁게 불붙었습니다. 그의 눈앞에서 벌어지는 광경이 말할 수 없을 정도로 하나님의 말씀에서 멀어져 있었던 것입니다. 이런 히스기야에게 다윗의 삶과 고백은 큰 영적 자극이 되었습니다. 누구보다도 하나님 앞에서 정직하게 행한 다윗의 모습은 하나님의 말씀으로 현실을 개혁하려는 히스기야에게 매우 큰 도움이 되었을 것입니다.

이처럼 교회 개혁이 개인의 능력으로는 시작되지도 않고 이루어질 수도 없음을 기억해야 합니다. 교회 개혁의 시작과 중심에는 언제나 하나님이 계십니다. 그리고 하나님이 중심 되시는 개혁의 열매는 결코 파괴와 혼란, 개인의 영광과 자랑으로 귀결되지 않습니다. 오히려 오직 하나님의 거룩하심이 드러나며, 궁극적으로는 하나님께 영광 돌리는 것으로 결실을 맺게 됩니다.

그래서 개혁의 동인으로 중요한 것은 옳고 그름을 분별하는 지식이나 현실을 냉철하게 살피는 판단력, 개혁에 대한 갈망이나 고양된 의식 등이 아니라, 하나님과 말씀으로 불붙은 마음입니다. 개혁을 필요로 하는 우리에게는 이것이 먼저 있어야 합니다. 하나님과 말씀에서 멀어진 영적 현실을 보면서 히스기야처럼 불붙는 마음이 우리에게 일어나야 하는 것입니다.

루터 역시 하나님의 말씀에 각성된 뒤로 자신의 현실이 하나님의 말씀과 동떨어져 있음을 알게 되었을 때 마음에 불이 붙었습니다. 그는 하나님께서 주신 이 마음으로 담대하게 비텐베르크교회 정문에 95개의 반박문을 붙일 수 있었습니다. 불붙은 마음을 가진 한 사람이 일으킨 이 사건은, 타락한 교회에 대한 개혁의 불길이 타오르게 하는 시발점이 되었으며, 더 나아가 유럽 사회 전체에 큰 변화를 촉발시키는 계기가 되었습니다. 이처럼 하나님은 자신의 종에게 주신 뜨거운 마음을 통해 개혁을 이루십니다.

그러므로 개혁을 말하기 전에 먼저 하나님께서 주시는 불붙는 마음, 즉 하나님과 말씀으로 인한 불붙는 마음이 자신에게 있는지 확인해야 할 것입니다. 그저 현실을 분석하고 그른 것을 정죄하는 데 마음을 빼앗겨서는 안 됩니다. 먼저 하나님과 말씀을 진정으로 사랑하고 거기에 사로잡혀야 합니다. 판단과 정죄만을 일삼는 마음은 결코 성령의 역사가 아닙니다. 오히려 이는 광명의 천사로 위장한 사탄의 간계에 의해 개혁을 훼방하고 혼란을 야기하는 도구로 쓰임받을 수 있습니다.

하나님께서 주시는 뜨거운 마음을 통해 개혁의 필요성을 알게 되었다면 자신의 자리에서 개혁을 시작해야 합니다. 자신이 사역하는 교회에서, 맡은 부서에서, 각 기관과 선교단체에서, 그리고 자신의 삶에서도 개혁을 시작해야 합니다. 만약 개혁의 필요성을 절감했음에도 아무것도 하지 않는다면, 그는 하나님의 뜻과 다른 길을 걷는 사람이며 타락한 현실을 방조하고 한편으로는 조장하는 공범자입니다.

왜곡되고 타협된 진리를 개혁하라

성경은 하나님이 말씀하시는 상태로 돌이키는 것을 개혁이라고 말합니다. 개혁된 교회라도 하나님과 말씀에서 멀어지면 다시 돌이키는 개혁을 해야 합니다. 우리는 항상 하나님의 말씀에 비추어 현실을 바라보고 개혁을 수행해야 합니다.

오늘날 우리에게 무엇보다 시급한 것은 타협된 진리의 개혁입니다. 앞서 살펴본 것처럼 왜곡되고 타협된 진리는 교회의 모든 타락과 부패의 원인이 됩니다. 그러므로 먼저 교회 개혁의 척도와 중심을 타락한 진리와 교리의 개혁에 두어야 합니다. 이를 위해 목회자는 성경이 말하는 하나님의 진리가 무엇인지 선명하게 알고, 어느 부분에서 진리가 타협되었는지 진단할 수 있어야 합니다. 만약 하나님의 진리에 대한 선명한 이해가 없다면 개혁을 외치면서도 막상 무엇을 해야 하는지 모르게 됩니다. 역사를 살펴보면, 개혁을 외쳤지만 실제로는 성경이 말하는 바와 전혀 다른 방향으로 나아간 사람이 많이 있습니다. 안타깝게도 오늘날 한국 교회에서도 이런 현상은 빈번하게 일어나고 있습니다.

일반적으로 사람들은 오랫동안 듣고 배운 그릇된 진리를 내려놓지 못합니다. 자신의 신앙이 뿌리째 흔들리기 때문입니다. 혹여나 말씀으로 돌아가려 해도 이제까지 해온 사역이나 방침 때문에 돌이키지 못합니다. 어느 정도 개혁을 원하더라도 온전히 돌이키지 않고 적당한 수준의 개혁에 만족하는 사람도 있습니다. 어떤 부분에서는 하나님의 말씀을 따르다가도, 다른 부분에서는 과거의 모습을 버리지 않고 진리와 비진리가 뒤섞인 삶과 사역에 머무르는 것입니다. 이처럼 타협된 진리를 개혁하는 것은 실제로 매우 어려운 일입니다.

그러나 교회 개혁은 반드시 진리의 개혁에서 시작되어야 합니다. 믿음의 선배들도 여기서부터 시작했습니다. 지금 교회를 뒤덮고 있는 왜곡된 진리를 보면 정말 어디부터 손대야 할지 모를 정도로 막막하게 보이지만, 이런 답답한 현실은 히스기야 때도 마찬가지였습니다. 그러나 그는 믿음의 선진들의 뒤를 따랐습니다. 하나님 앞에 정직하게 행했던 다윗이나 아사, 여호사밧 같은 선조들을 따랐습니다. 또 하나님께서 모세를 통해 주신 율법도 있었습니다. 분명 히스기야에게도 진리의 개혁은 어려운 일이었지만, 그는 하나님의 말씀과 그 말씀을 붙든 믿음의 선진들 그리고 그들 안에서 역사하신 하나님을 보았습니다.

무너진 성경의 권위를 회복하라

진리가 심하게 왜곡된 현실을 마주하고 있는 우리 역시 히스기야가 걸은 길로 나아가야 합니다. 우리에게도 타락한 중세 교회의 문제와 온몸으로 씨름하며 개혁의 물꼬를 튼 종교개혁자들을 비롯해 본받을 만한 많은 믿음의 선배가 있습니다. 그들을 도우신 하나님께서 우리도 도우실 것을 믿고 이 길을 가야 합니다. 타협된 진리를 바로

잡는 것은 종교개혁을 이끈 믿음의 선진들에게도 어려운 일이었습니다. 그럼에도 그들은 그 길을 갔습니다.

무엇보다 그들은 교회의 신앙과 삶의 유일한 준칙인 성경의 권위를 다시 세우는 것부터 시작했습니다. 교리의 개혁은 하나님의 말씀으로서 성경의 권위가 그대로 존중되며 드러나게 하는 것에서 비롯되기 때문입니다. 루터가 작성한 95개조 반박문 역시 그 근거를 오직 성경에만 두고 있습니다. 이를 통해 그는 성경 외에 자신들의 전통을 덧붙여 진리를 왜곡한 중세 교회의 오류를 바로잡고자 했습니다.

교회의 수많은 사람이 진리 가운데 마땅히 누려야 하는 신앙과 삶의 부요함을 잃고 고통스러워하고 있을 때, 루터를 비롯한 종교개혁자들은 무너진 성경의 권위부터 다시 세우려고 했습니다. 성경만으로는 구원을 이루는 데 충분치 않으며, 그 해석조차 사제의 도움을 받아야 한다는 중세의 구습과 전통에 맞서, 구원에서 성경의 진리가 갖는 명료함과 신자를 구원하는 일에서 말씀만으로 충분하다는 성경의 충족성을 천명했습니다.

이처럼 진정한 개혁과 부흥의 역사는 하나님의 말씀이 권위를 되찾아 진리의 명료함과 성경의 충족성이 회복될 때 나타납니다. 이는 지난 역사가 공통적으로 말하고 있는 사실입니다. 교회에 들어온 신비주의나 은사주의, 합리주의같이 성경의 권위를 온전히 인정하지 않는 가르침을 들여다보면 거기에는 채워지지 않는 영적 메마름과 더불어 극단적인 치우침이 자리 잡고 있습니다. 마치 중세 교회같이 성경 이외의 다른 것을 덧붙여 더 강력한 영적 효력을 얻고자 하는 것입니다. 그러나 안타깝게도 이는 결국 신자의 신앙과 삶을 심히 왜곡하고 훼손합니다. 진리를 이해하는 데 큰 혼란을 야기할 뿐 아니라 도덕적인 타락까지도 조장하기 때문입니다.

우리는 조국 교회에서 '오직 성경'이 무너진 실상을 사역지와 성도들의 신앙과 삶에서 구체적으로 경험하고 있습니다. '오직 성경'으로는 충분하지 않다는 생각이 기저에 있는 은사주의나 신비주의, 신사도 운동, 심리 치유적인 가르침, 신정통주의 등이 교회에 깊이 들어와 있는 것이 그 증거입니다. 이로 인해 겉으로는 동일한 성경을 사용하는 것처럼 보여도, 실제로는 성경의 권위를 무시하고 그 충족성을 부인하는 모습을 흔히 발견하게 됩니다. 앨버트 몰러(Richard Albert Mohler Jr.)는 "오늘날 복음주의의 주류 세력이 대체로 실용주의적이고 치료적인 관심사에 초점을 두는 바람에 … 진리, 복음, 성경, 복음주의 전통 등의 본질을 재정의하고 있다"[66]고 지적했습니다. 그의 말대로 우리는 지금 성경에 대해 재정의된 개념과 이해를 가르치고 추구하고 있습니다.

가장 심각한 것은 복음이 재정의되면서 성경의 진리가 상대화되고 있다는 점입니다. 사람들은 이제 성경보다 특정한 체험이나 치유의 경험을 더 권위 있게 여기게 되었습니다. 목사가 성경으로 아무리 권면해도 오히려 자신의 체험을 내세워 성경의 권위에 도전하는 일이 빈번하게 일어나고 있습니다. 이 모든 일이 바로 성경의 권위를 무시한 데서 기인한 것입니다. 이 사태의 주범은 다름 아닌 우리 사역자입니다. 양적 성장에 도움이 된다면 무엇이든 수용하는 바람에 결국 성경의 권위와 충족성을 부정해버린 까닭입니다. 종교개혁자들이 그토록 애쓰며 회복시킨 '오직 성경'을 다름 아닌 개혁교회라고 칭하는 우리 자신이 무너뜨리고 있습니다.

진정한 개혁은 '오직 성경'의 회복에 달려있습니다. 성경의 권위를 부정하는 온갖 가르침을 제하고 왜곡된 진리를 바로잡아, 하나님께서 우리의 신앙과 삶을 이끌기 위해 주신 성경만으로 정녕 충분하다는 것을 확고히 믿고 행해야 합니다. 특히 하나님의 계시의 말씀인 성경이 죽은 문자가 아닌 살아계신 하나님의 말씀임을 확신해야 합니다. 하나님은 지금도 성경을 통해 우리에게 말씀하시고 영혼을 살리십니다. 교회의 지체들은 이 말씀을 통해 교훈을 얻고 책망을 받고 의로 교육함을 받으며 온전한 신자로 세워져 갑니다. 이를 믿지도 않으면서 성경을 들먹이며 설교한다면 그는 성경을 이용해 먹고사는 삯꾼 목자에 불과합니다.

성경의 권위와 명료성, 충족성에 대한 믿음 없이 사역하는 사람은 실제로 기독교 사역이 아닌 다른 사역을 하는 것이라 해도 무방합니다. 성경은 죽어가는 영혼을 살리고 교회를 세우며 이 땅에 하나님의 살아계심과 역사하심을 드러내기 위해 주신 것입니다. 우리는 자신의 사역에서 이런 성경의 권위를 진정으로 인정하고 있는지, 정녕 성경에 계시된 하나님의 말씀에 구원과 삶의 모든 것이 있음을 믿고 있는지 철저하게 점검해보아야 합니다. 교회의 개혁은 '오직 성경'의 회복에서 시작되기 때문입니다.

교회의 참된 보화를 지키고 전하라

우리는 더러워진 성전을 깨끗케 하듯 복음에 덧붙은 불순물을 제거해야 합니다. 실용주의가 덧붙은 번영 신학, 심리학이 덧붙은 치유의 복음, 신비주의가 덧붙은 체험의 복음, 도덕주의를 덧씌운 복음 등을 성경을 기준으로 분별하고, 거기에 덧붙은 비진리를 결코 허용하지 말아야 합니다. 양적 성장을 위해 이런 복음을 수용한 교회는 결국 몰락한 중세 교회가 나아간 길로 접어들게 될 것입니다. 이를 통해 얻게 된 성공은 거짓 복음을 팔아 거둔 헛된 성공일 뿐입니다. 사람들에게는 인정받을지 모르나 하나님께는 전혀 인정받지 못할 열매입니다. 그중에서도 하나님의 주권적인 은혜로 구원 얻는 사람들이 나온다 해도, 그들이 전한 왜곡된 복음 때문에 생명에서 멀어진 사람들에 대한 책임은 사라지지 않습니다.

기독교의 목적은 불신자를 무조건 교회 안으로 끌어들이는 데 있지 않습니다. 또 교회 안의 사람들을 친절하고 도덕적인 사람으로 만들려는 것도 아닙니다. 기독교의 주된 목적은 영혼을 구원하는 유일하고 충분한 진리인 복음을 온 세상에 선포하는 것입니다. 이것이 주님께서 우리에게 남기신 명령입니다. 순전한 복음이 온전히 선포되었을 때 사람들은 회심해 영원한 생명을 얻게 됩니다. 그리고 자신이 받은 구원으로 인해 하나님을 즐거워하며 그분께 영광을 돌리게 됩니다. 하나님은 우리가 전한 말씀을 통해 이러한 역사를 행하며 보기를 원하십니다.

루터는 니콜라스의 말을 빌려 교회의 참된 보화가 복음이라는 사실을 수없이 강조했습니다. 그리고 성경을 통해 발견한 순전한 복음을 있는 그대로 사람들에게 전하기 위해, 성경에 없는 가르침과 전통을 진리에 덧씌운 가톨릭의 신학자나 성직자들과 힘겨운 싸움을 벌였습니다. 모든 사역자는 루터같이 복음의 풍성함을 성도들에게 알려주고 그것을 누리도록 도와야 합니다. 복음은 기독교에만 있는 생명의 말씀이며 성도의 신앙의 전부입니다. 신자는 이 복음에서 찬란한 영광과 진정한 부요함을 누리게 됩니다.

그러므로 말씀을 맡은 자는 그 말씀을 통해 그것을 알게 해주어야 합니다. 한 사람의 영혼을 돌이켜 구원에 이르게 하는 능력, 구원받은 신자의 삶에서 계속되는 변화와 성숙을 일으키는 원동력, 신앙의 여정에서 누리게 되는 모든 영혼의 기쁨과 부요함, 거기서 자연스럽게 나오는 헌신은 모두 복음의 풍성함을 알 때만 가능한 것이기 때문입니다.

다른 것이 아닌
오직 그리스도의 복음을 전하라

그렇다면 우리가 복음의 풍성함을 선명하게 알고 그것만을 전하기 위해서는 어떻게 해야 할까요? 그것은 종교개혁자들이 가르친 '다섯 개의 오직' 중 세 가지의 '오직', 즉 '오직 그리스도'(*Solus Christus*) '오직 은혜'(*Sola Gratia*) '오직 믿음'(*Sola fide*)에 주목하는 것입니다.

이 세 가지가 성경 전체의 핵심을 응축하고 복음의 풍성함을 말하고 있기 때문입니다. 따라서 설교자는 성경을 통해 이를 풍성히 연구해야 합니다. 하나님께서 타락한 인류, 곧 이 세상의 죄악에 빠져 정욕대로 살아가는 가망 없는 인간에게 내놓으신 구원의 모든 내용이 이 세 가지 안에 설명되어 있습니다. 그러므로 사역자들은 이를 깨닫고 이 세 가지 '오직'이 말하는 복음의 풍성함과 부요함을 사무치게 알고 전해야 합니다. 그렇게 할 때 하나님께서는 과거처럼 오늘날에도 영혼을 구원하고 변화시키는 역사를 행하실 것입니다.

왜곡된 복음은 구원의 올바른 이해를 심각하게 저해하지만, '오직 그리스도' '오직 은혜' '오직 믿음'은 성도의 신앙과 삶을 더욱 진실하고 확고하게 만듭니다.

나는 사역자로서 성경의 핵심인 이 세 개의 '오직'을 더욱 깊이 알고자 꽤 오랜 세월 애쓰고 있지만, 이해의 깊이 특히 체험적 확신에서 아직도 목이 마릅니다. 우리는 모두 이 세 가지 '오직'의 진정한 실체를 더욱 깊이 아는 일에 여전히 그리고 한없이 부족합니다. 물론 이를 믿고 설명하는 것만으로도 영적 부요함을 누릴 수 있지만 그 실체에 비하면 아주 작은 부분에 불과합니다.

그런데 안타깝게도 오늘날의 교회는 이 세 가지 내용을 크게 변질시키거나 축소하고 있습니다. 마치 중세 교회가 그리스도께서 하나님과 이루신 화목을 성인과 사제의 도움보다 못한 것으로 여긴 것처럼, '오직 그리스도'의 믿음만으로는 구원받기에 충분하지 못하다고 생각합니다. 세상의 각종 가치관이 교회에 유입되는 이유가 바로 여기에 있습니다. 우리는 이런 잘못된 이해에서 벗어나야 합니다. 그리스도만으로는 충분하지 않다는 생각을 당장 고쳐야 합니다.

사역자라면 성경을 통해 정녕 그리스도만으로 구원이 충분하다는 것을 명확하게 알고 경험적으로 확신해야 합니다. 높으신 하나님의 아들이 친히 우리와 같은 육신을 입고 이 땅에 오신 것보다 경이롭고 위대한 사건은 이 세상에 없습니다. 우리의 마음은 이 놀라운 사건을 말할 때마다 항상 설렘과 확신으로 가득 차야 합니다. 그러한 마음으로 하나님의 위대한 구원의 경륜을 전하고 있습니까?

우리가 전하는 복음은 실로 거대한 내용을 담고 있습니다. 하나님의 아들 예수 그리스도로 말미암은 우리의 구원과 온 세상의 변화 그리고 궁극적인 '영광'에 이를 것을 말하고 있습니다(롬 8:17-18, 21, 30). 그러므로 설교자가 복음이 말하는 바에 압도되지 않고, 어떠한 경이로움과 감동도 경험하지 못하고 있다면, 그를 통해 일어날 어떤 구원의 역사도 기대할 수 없습니다.

하나님의 아들 예수 그리스도는 죄로 인해 타락한 모든 인류와 우주 만물이 오랫동안 고대했던 유일한 존재입니다. 그가 이 땅에 오신 일은 역사상 유일한 사건입니다. 그런데 마음에 아무런 감동과 떨림도 없이 그저 머릿속 지식을 나열하듯 기계적으로 그리스도를 강론하는 것은, 중세의 사제들이 했던 것과 별반 차이가 없는 것입니다. 온 세상이 갈망하는 이 유일한 그리스도를 그처럼 맥없이 전한다면, 그가 예수 그리스도를 안다고 말할 수는 없을 것입니다. 예수 그리스도라는 인물에 대해 학문적으로 많은 지식을 쌓았는지는 몰라도 분명 그분을 참되게 아는 것은 아닙니다.

설교자는 오직 그리스도만이 우리의 구주이며 죄 문제의 유일한 해결책이 되심을 매우 정확하고 확신 있게 전해야 합니다. 만약 예수 그리스도만으로 충분하지 않다는 생각으로 사람들을 유혹하는 온갖 잡다한 미끼를 설교에 집어넣는다면, 사람들을 상대로 거짓을 말하는 것이고, 심하게는 사기치는 것과 같습니다. 번영, 치유, 신비적인 체험, 도덕주의 등을 섞어 그것을 복음으로 말하는 모든 시도가 다 여기에 해당합니다.

예수 그리스도를 전하는 일에는 사람들을 끌어 모으기 위한 미끼가 필요하지 않습니다. 그분은 타락한 이 세상과 죄악 가운데 있는 인간의 문제를 해결할 수 있는 유일한 존재입니다. 죄로 인해 타락하고 절망적인 세상을 살아가는 우리가 영원한 생명과 완전한 구원을 말하고 소망할 수 있는 근거는 오직 예수 그리스도입니다.

그런데 어떻게 이 그리스도를 전하면서 아무런 감동과 진지함도 없이 그저 머릿속의 시시한 지식을 늘어놓듯 설교할 수 있겠습니까? 결코 그럴 수 없습니다. 설교자는 그리스도에 대한 자신의 잘못된 이해부터 바로잡고, 왜 '오직 그리스도'만을 외쳐야 하는지 절절하게 깨달아, 자신의 인생에 함몰되어 살며 다가올 미래를 두려워하는 사람들에게 성경 전체가 말하는 그분을 확신 있고 풍성하게 전해야 합니다. 이것이 설교자가 해야 하는 개혁입니다.

오직 기독교에만 있는 은혜의 복음

설교자는 '오직 은혜'와 '오직 믿음' 역시 풍성하고 부요하게 전해야 합니다. 지금까지 신앙생활을 하고 목회자로 살면서 발견한 특이한 사실 하나는, 많은 성도가 의외로 성경이 말하는 그대로의 은혜를 알지 못한다는 것입니다.

일반적으로 사람들은 은혜에 다른 무엇을 덧붙여야 한다고 생각합니다. 이런 사람들의 생각은 크게 두 가지로 설명됩니다. 하나는 자신의 죄에 대해 베풀어주신 하나님의 은혜를 말하면서도, 정작 구원의 문제에서는 여전히 인간적인 공로에 가치를 두는 것입니다. 이는 성경이 말하는 은혜가 전혀 아님에도 사람들은 이것을 은혜라고 착각합니다. 또 다른 하나는 현재 자신의 문제와 조건에 따라 은혜를 이해하는 것입니다. 이런 사람은 은혜를 받았다고 고백하면서도 자신의 영적 상태에 따라 그 은혜가 좌지우지됩니다. 전자는 성경이 말하는 은혜에 대해 온전히 이해하지 못한 것이고, 후자는 그 은혜를 제대로 누리지 못하는 것입니다.

그런데 이들 모두에게서 발견되는 공통점은 자신에게 매우 큰 비중을 둔다는 것입니다. 성경은 신자의 구원이 처음부터 끝까지 모두 하나님의 은혜로 주어진다고 말하지만, 어떤 사람은 이와 달리 은혜보다 자신의 어떠함을 더욱 의지합니다. 인간이 죄로 인해 얼마나 부패하고 타락했는지 제대로 알지 못하기 때문에, 구원을 말하면서도 인간의 어떠함과 상태에 비중을 두려 하며 이로써 성경이 증거하는 구원의 복음에서 멀어집니다.

죄에 속박되어 절망 가운데 살던 우리와 이 세상을 향해 베풀어 주신 하나님의 구원은, 인간의 어떤 조건도 고려할 필요가 없는 완전한 하나님의 은혜, 즉 '오직 은혜'로만 주어졌습니다. 로마서 3장이 말하는 것처럼 전적으로 부패하고 타락한 우리에게 하나님께서 값없는 은혜를 베푸셔서 이 놀라운 구원을 허락해주신 것입니다.

이런 복음, 이토록 감사한 구원의 소식은 오직 기독교에만 있습니다. 그런데 우리 스스로 이 값진 기독교에 이방 종교의 색채를 입혀 왔고, 지금도 계속하고 있습니다. 이로 인해 하나님의 은혜에 대한 이해는 변질되었고, 이제 기독교는 타 종교와 별다른 차이가 없게 되었습니다. 이 모든 것이 복음을 전혀 가치 있게 여기지 않은 우리 사역자들 때문입니다.

하나님의 은혜만
주목하게 하는 복음

성경은 창세기부터 요한계시록까지 하나님의 은혜를 줄기차게 말하고 있습니다. 이 계시를 제대로 연구해 하나님께서 예비하시고 끝내 성취하시는 놀라운 구원을 선명하게 알게 되면, 참으로 우리의 구원이 처음부터 끝까지 하나님의 은혜임을 발견할 것입니다. 그때 우리는 하나님의 은혜를 바라보며 자연스레 깊은 감사와 영광을 돌리게 되고 엄청난 경이로움에 사로잡히게 됩니다.

인간에게 가장 큰 충격은 하나님의 은혜를 발견하는 것입니다. 다만 이 은혜를 선명하게 알지 못하기 때문에 큰 충격을 받지 못합니다. 어설프게 수박 겉핥듯이 알기 때문에 벅찬 감격도 없고, 뜨거운 헌신도 마음속에서 우러나오지 않습니다. 그러므로 성경이 말하는 '오직 은혜'로 인한 구원을 제대로 이해하기 전까지는 구원을 제대로 아는 것이 아님을 기억해야 합니다. 또 '오직 은혜'의 구원을 알지 못하면 '오직 하나님께 영광'도 사실상 불가능합니다.

역사적으로도 하나님의 은혜에 대해서는 양극단이 존재했습니다. 하나는 율법주의요, 다른 하나는 율법폐기론입니다. 표면적으로 이 둘은 서로 전혀 다르게 보이지만, 실제로는 하나님에 대한 오해와 그분의 은혜에 대한 지식적 이해에서 도출되는 결과물이라는 공통점을 갖고 있습니다. 각각 나름의 신학과 교리적 설명이 존재하지만 이 두 주장의 본질적 문제는, 복음이 제시하는 하나님의 은혜에 대한 정확한 이해의 부재에 있습니다.

하나님의 은혜를 올바르게 이해하면 더는 자신의 어떠함에 주목하지 않습니다. 그저 추악한 죄인일 뿐인 우리를 위해 그토록 놀라운 은혜를 베푸신 하나님만 주목하게 되어, 오직 그분께만 온전한 감사와 영광을 돌리려는 마음이 생깁니다. 이런 사람이 율법주의나 율법폐기론 같은 극단에 빠지는 일은 거의 없습니다.

그러므로 우리는 성경이 말하는 '오직 은혜'로 인한 구원을 말씀을 통해 깊이 깨닫고, 그것을 자신의 구원에서도 명확하게 보아야 합니다. 자신이 얼마나 부패한 상태에 있었는지, 얼마나 멸망당하기에 합당한 자였는지를 생각하며, 이 '오직 은혜'로만 가능한 구원을 뼈에 사무치게 알아야 합니다. 복음을 풍성하고 확신 있게 전하는 길은, 말씀을 통해 하나님의 은혜를 명확히 알고 그것을 자신의 삶에서 절절하게 확인하는 것에서 비롯됩니다.

우리는 굳이 아우구스티누스처럼 타락한 상태에서 돌이켜 극적인 은혜를 경험하지 않더라도, 성경을 통해 인간 자체에 대한 정확한 이해를 얻을 수 있습니다. 이를 위해 로마서 1장 18절에서 3장 20절에 진술된 인간의 상태에 특히 주목해야 합니다. 그리고 이 말씀을 통해 스스로 고매한 척하는 인간들에게 자신의 실상이 어떠한지 명확하게 알려주어야 합니다. 자신의 실상을 처절하게 깨달을 때만이 하나님께서 우리에게 베푸신 은혜가 얼마나 큰지 알 수 있기 때문입니다. 말씀을 전하는 우리부터 이를 확실하게 알아야 합니다. 그래야 하나님의 은혜를 더욱 확고하게 뜨거운 열정과 불타는 마음으로 전할 수 있습니다.

오직 믿음으로 허락된
값없는 구원의 복음

한편 성경은 '오직 은혜'와 더불어 '오직 믿음'의 구원을 말하고 있습니다. 이것은 중세 가톨릭과 개혁교회를 나누는 분기점 같은 역할을 할 정도로 매우 중요하지만, 최근 개혁교회에서도 이 '오직 믿음'의 교리를 스스로 포기하는 모습이 보이고 있습니다. 이처럼 교회에서 '오직 믿음'에 대한 성토가 나오게 된 것은, 믿음만 강조하고 순종을 가르치지 않아 성도들의 삶의 수준이 급격하게 떨어졌다고 인식하는 사람이 많아졌기 때문입니다. 이처럼 오늘날 교회의 도덕적 타락과 이에 대한 반발은 결국 '오직 믿음'의 교리를 포기하는 것으로 이어지고 있습니다.

이러한 움직임은 비단 학계뿐 아니라 실제 사역의 현장에서도 두드러지게 나타납니다. 표면적으로는 믿음으로 구원을 얻는다고 하지만, 실제로는 믿음에 순종이나 다른 요소를 더해야 한다고 생각하는 것입니다. 이는 사람들에게 자신의 구원을 위해 인간적인 면에서 열심을 내도록 만듭니다. 하지만 이런 현상이 그다지 새로운 것은 아닙니다. 1세기 초대교회, 펠라기우스와 반(半)펠라기우스, 아르미니우스, 가톨릭교회 등 과거 역사에서 계속 있었던 일입니다.

'오직 믿음'을 부정하면 결국 '오직 은혜'를 부정하게 됩니다. 로마서 3장 21절 이하가 말하는 것처럼 성경은 '오직 믿음'을 '오직 그리스도' '오직 은혜'와 결부시켜 설명하고 있습니다. 예수 그리스도와 하나님의 은혜에 다른 무엇을 더하라고 말하지 않습니다. 성경은 우리의 구원을 중보하는 유일한 존재로 한 분 예수 그리스도를 말하고 있습니다. 그리고 우리의 구원은 하나님의 은혜로 값없이 주어지며, 오직 예수 그리스도를 믿음으로 얻게 됨을 분명히 증언합니다.

구원이 이 같은 것이기에 복음은 진실로 기쁜 소식입니다. 구원을 얻는 것에서도 '오직 믿음'이 아닌 다른 무엇을 요구한다면 그것은 결코 복음이 아닙니다. 다른 어떤 필요를 말하는 주장은 '오직 그리스도'와 '오직 은혜'라는 이 놀라운 복음의 가치를 인간의 어떠함으로 퇴색시키는 것에 불과합니다.

뜨거운 심장으로
다시 세 가지 '오직'을

비록 종교개혁자들은 오늘날의 성경신학자들만큼 문헌을 연구하지는 못했지만, 성경이 말하는 복음을 '오직 그리스도' '오직 은혜' '오직 믿음'으로 연결해 정확히 증언했습니다. 그러므로 이 시대의 개혁은 다른 무엇보다도 먼저 이 세 가지 '오직' 교리의 왜곡을 바로잡는 것에서 시작해야 합니다. 이미 왜곡된 교리에 사로잡힌 사람들을 다시 돌이키게 하는 것은 매우 어려운 일이지만, 그래도 포기하지 않고 이 세 가지 '오직'을 전해야 합니다. 순종이 있어야 의롭다 함을 얻을 수 있다는 그릇된 믿음에서 돌이킬 수 있도록, 성경이 말하는 오직 믿음으로 얻는 구원을 정확하게 가르쳐야 합니다.

1세기부터 기독교는 세 가지 '오직'을 담은 복음을 통해 죄인을 구원하고 변화시켜왔지만, 우리는 변형된 세 가지 '오직'을 참된 복음이라고 생각하며 전하고 있습니다. 하나님 중심에서 인간 중심의 기독교로 변질된 원인이 여기에 있습니다. 개혁에 앞서 우리는 이 순전한 복음을 깊이 알아야 합니다. 그리고 자신이 먼저 그릇된 복음을 가르치고 있지는 않은지 면밀히 살펴야 합니다.

설교자가 가장 뜨겁게 설교해야 할 때가 언제입니까? 세상의 타락을 외칠 때입니까? 인간의 죄를 지적할 때입니까? 아닙니다. 이 세 가지 '오직'을 말할 때 가장 가슴이 뜨거워야 합니다. 이 땅에 오신 하나님의 아들 예수 그리스도만이 유일한 구주이며 중보자이심을 선포할 때, 가망 없는 우리에게 하나님의 은혜로 구원이 임했음을 전할 때, 내 어떠함이 아닌 오직 믿음으로 구원받는다는 것을 말할 때 뜨겁게 불타올라야 합니다. 아무리 긴 세월이 지나도, 심지어 생애 마지막 설교를 할 때까지 우리는 이 세 '오직'을 말하는 일에 뜨거움을 가져야 합니다.

세 가지 '오직'은 신자의 신앙과 삶의 동력이며, 동시에 말할 수 없는 기쁨이요 자랑입니다. 참으로 구원받은 우리의 존재를 설명하는 모든 것입니다. 그러므로 사역자는 자신의 삶과 사역 현장에서 먼저 이 세 가지 '오직'에 대한 잘못된 이해와 그에 따른 신앙과 삶을 개혁해야 합니다. 이것이 교회 개혁의 최우선 과제입니다.

다시 성경이 말하는
교회 됨으로

현실과 타협한 진리를 계속 개혁하는 것이야말로 성경이 말하는 교회 됨을 각 현장에서 이루는 것입니다. 진리의 개혁도 참으로 어렵지만 교회 됨의 회복 역시 만만치 않습니다. 역사를 살펴보면 교회에 남아있는 로마 가톨릭교회의 잔재를 버리기 위해 믿음의 선배들이 얼마나 많은 어려움을 겪었는지 알 수 있습니다. 예배의 방식을 바꾸는 일부터 예배에서 불필요한 의식을 제거하는 일, 심지어 가운을 입을지 벗을지 등 수많은 문제를 해결하기 위해 교회는 많은 희생을 치렀습니다. 이 과정에서 극단적으로 순교당하는 사람까지 있을 정도였습니다. 이처럼 교회가 교회다움을 회복하는 것은 매우 어렵습니다.

교회다움을 회복하는 개혁에 앞서 우리는 성경이 말하는 교회가 무엇이며, 그것을 교회 현실에 어떻게 적용할 수 있을지 생각해보아야 합니다. 오늘날 많은 사람이 교회다움을 화려한 예배당이나 잘 정비된 교회 조직, 다양한 요구를 수용할 수 있는 각종 프로그램에서 찾으려 합니다. 교회에 생기를 불어넣기 위해 이런 것을 갖춰야 한다고 생각합니다.

그러나 에베소서 4장이 말하는 것처럼, 성경은 먼저 그리스도의 한몸 됨을 경험하라고 명령합니다. 이는 교회의 머리 되신 그리스도의 다스리심을 매우 실제적으로 받는 것입니다. 성도들이 이 말씀을 추상적인 것으로 이해한다면 성경이 말하는 교회 됨을 이룰 수 없습니다.

진정한 교회 됨은 그리스도의 다스림을 받는 성도들이 유기적으로 움직이며, 영적으로 그리스도의 장성한 분량에까지 자라가면서 나타납니다. 이렇게 세워지는 교회는 머리 되신 그리스도를 높이게 됩니다. 그리고 모든 면에서 머리 되신 그리스도의 통치를 경험하며, 성도들은 말씀을 통해 역사하시는 성령님에 의해 거룩하게 변화됩니다. 또 여전히 복음을 통해 영혼을 구원하시는 하나님의 살아계심과 역사하심을 증거하게 됩니다.

성경이 교회에 대해 말하는 바는 한낱 사변적 이론이 아닌 참된 영적 실재이며, 교회 됨을 회복하기 위해 반드시 갖춰야 할 모습입니다. 우리는 이를 경험하기까지 성경과는 다른 교회의 현실을 개혁해 나가야 합니다. 그저 초기 종교개혁자들의 예배 방식과 순서, 교회 조직 등을 단순히 모방하는 수준에서 만족해서는 안 됩니다. 종교개혁자들이 만든 예배 형식과 교회 체계는 그들이 타락한 현실과 씨름하면서 성경에 충실한 교회가 되기 위해 몸부림친 끝에 나온 산물입니다. 우리가 주목해야 하는 것은 그 결과물보다 그들이 개혁의 과정에서 지녔던 정신입니다. 아무리 종교개혁자들의 예배 형식과 교회 조직을 그대로 모방하더라도, 그들과 같은 정신을 갖지 않으면 결국 영적으로 메마를 것이며, 개혁 역시 형식적인 것에 그치고 말 것입니다.

그러므로 참된 개혁은 교회의 머리 되신 그리스도께서 말씀과 성령으로 다스리시는 것이 무엇인지를 항상 고민하는 데서 비롯되어야 합니다. 이러한 고민이 예배와 말씀 선포, 교제, 양육 같은 교회의 모든 활동에서 드러나고 계속 유지되도록 해야 합니다. 그렇지 않고서 무조건 옳은 것이나 좋은 것을 아무런 고민 없이 모방하는 것은 개혁의 모조품을 만드는 것에 불과합니다.

성경도 초대교회를 무조건 모방하라고 가르치지 않습니다. 예루살렘교회나 고린도교회 등 어떤 교회도 무조건 따라야 할 모범으로 제시되지 않았습니다. 다만 귀 기울여야 할 것은 각 교회에 대해 하나님께서 하신 말씀입니다. 하나님은 각각 다양한 환경과 현실에 처한 교회들이 성경이 말하는 교회 됨을 동일하게 갖기를 원하셨습니다. 중요한 것은 '성경이 무엇을 교회 됨으로 말하는가' 하는 것입니다. 종교개혁자들의 개혁도 이에 대한 고민의 산물이었습니다. 우리는 이런 결과물을 활용하고 참조할 수는 있지만, 그 자체에 매이거나 만족해서는 안 됩니다. 다만 그들의 정신을 따라 성경이 말하는 교회 됨을 실제로 갖기 위한 개혁을 시작해야 합니다. 교회의 모든 활동에서 성령의 역사하심으로 영혼들이 거룩하게 변하는 것을 실제로 경험해야 합니다. 더 나아가 그리스도의 몸으로서 서로 유기적으로 움직이며 그 생명력을 드러내야 합니다.

교회에서 가장 중요한 존재는 바로 교회의 머리 되신 그리스도입니다. 말씀과 성령을 통한 그분의 다스리심이 교회에서 실제로 드러나야 합니다. 어떤 방식의 교회 정치 제도를 취하든 그리스도의 통치가 선명하게 드러나지 않는다면 결코 교회다운 교회라고 할 수 없습니다. 아무리 그럴듯한 외양을 가졌고 많은 사람이 모이는 교회라도 마찬가지입니다. 성경이 말하는 교회를 그저 이론과 이상에 불과한 것으로 여기는 이유는 참된 교회 됨을 경험하지 못했기 때문입니다. 우리는 간절한 마음으로 각자의 자리에서 교회 됨의 회복을 구하며 힘써야 합니다.

다시 예배의 중심을 하나님께

마지막으로 교회의 개혁과 관련해 다시 강조할 것은 예배의 개혁입니다. 교회다움을 이루는 핵심적 요소가 바로 예배이기 때문입니다. 예배가 무너지면 교회의 모든 면이 무너집니다. 오늘날 교회가 경험하는 영적 타락 역시 예배의 변질과 관련되어 있습니다.

문제는 많은 사람이 예배의 붕괴를 좀처럼 인식하지 못한다는 것입니다. 참된 예배에 대한 이해가 없는 까닭에 현실의 예배가 얼마나 무너져 있는지 알지 못합니다. 사람들은 그저 화려하고 세련된 예배의 겉모양에 현혹되어 정녕 무엇이 문제인지 생각하려 하지 않습니다. 그래서 예배가 무너졌다는 말에도 쉽게 동의하지 못합니다.

우리는 지금의 예배를 매우 냉정하게 진단해야 합니다. 이를 위해 예배의 중심이 어디에 있는지 최우선으로 살펴야 합니다. 앞서 언급한 교회의 머리 되신 그리스도의 통치라는 면에서 자신의 예배를 살펴보십시오. 그러면 현재 예배가 하나님이 아닌 인간이 중심으로 진행되고 있음을 깨닫게 될 것입니다.

예배는 신자 된 우리가 예수 그리스도의 공로를 의지해 성령의 인도하심 가운데 하나님께 나아가는 시간입니다. 예배의 목적은 성부, 성자, 성령 삼위 하나님께 모든 영광과 감사와 찬양을 드리는 데 있습니다. 신자는 예배를 통해 자신의 백성과 교통하시는 하나님의 은혜를 누리는 매우 특별한 경험을 합니다.

최근 들어 신자의 삶 전체가 예배라고 말하며, 회중 예배의 중요성을 무시하는 사람들이 생겨나고 있습니다. 그러나 이는 오늘날의 타락한 예배 현실에 대한 올바른 대답이 아닙니다. 신자의 모든 삶이 하나님께 드리는 예배이긴 하나, 그 중심에는 하나님께서 허락하신 은혜의 방편인 공예배가 있어야 합니다. 따라서 공예배가 무너지면 삶의 예배도 같이 무너지게 됩니다.

현재 교회에서 드리는 예배는 분명 하나님이 아닌 사람이 그 중심에 있습니다. 찬양은 하나님께 영광을 돌리기보다는 인간의 감성을 자극하는 데 초점이 맞춰져 있습니다. 또 많은 설교가 청중의 삶과 정서를 위로하는 차원에서 그치고 맙니다. 하나님의 백성에게 하나님의 어떠하심과 그 선하신 뜻을 전해 그들이 그 말씀을 따라 살도록 해야 하는 설교의 주된 기능을 상실한 것입니다.

우리는 기도에서도 인간 중심적인 경향을 쉽게 발견할 수 있습니다. 예수님은 하나님의 이름이 거룩히 여김을 받으시고 그분의 뜻과 나라가 이 땅에서 이루어지기를 구하라고 하셨지만, 많은 사람이 기도를 그저 개인의 욕구와 필요를 채우는 수단으로 사용하고 있습니다. 심지어 예물을 드릴 때도 예물을 받으시는 하나님이 아닌 드린 자가 높아지는 일이 벌어지고 있습니다.

이제 우리는 변질된 예배의 중심을 바꾸는 개혁을 시작해야 합니다. 성경말씀에 따라 사람이 아닌 하나님 중심으로 예배를 개혁해야 합니다. 그리고 항상 깨어 개혁한 바를 지속해야 합니다. 만약 조금이라도 변질되려는 징후가 있다면 그 부분을 다시 점검하고 재차 개혁해야 합니다. 이것이 우리가 사역 현장에서 쉬지 않고 수행해야 하는 일입니다.

이와 더불어 무너진 신자의 삶의 개혁 역시 매우 절실합니다. 중세 교회는 교회에서의 종교의식이 신앙생활의 전부라고 여겼습니다. 하지만 종교개혁자들은 그러지 않았습니다. 열심히 교회에 다니고 종교의식에 참여하는 것이 전부가 아님을 깨달았기 때문입니다. 그들은 예배의 개혁과 더불어 자신의 삶을 개혁하기 위해 매우 큰 노력을 기울였습니다.

개혁주의자들이 삶의 개혁과 관련해 특히 강조한 것이 '코람 데오'(*Coram Deo*)입니다. 신자는 자신의 삶이 항상 하나님 앞에 있다는 사실을 깨달아야 합니다. 이를 깨닫고 하나님을 바르게 예배하면 자신의 삶에 대한 고민이 자연스럽게 뒤따르게 됩니다.

교회에 처음 나온 사람은 하나님의 말씀과 자신의 지식 사이에서 가장 먼저 갈등을 경험합니다. 자신의 가치관과 사유가 말씀과 심하게 충돌하면서, 계속 교회에 나와 말씀을 들어야 할지, 아니면 아예 교회를 떠날지를 고민하게 됩니다. 그러다 시간이 지나면 자신의 삶을 말씀으로 비추어보기 시작합니다. 그렇게 자신의 일상에서 하나님의 말씀을 떠올리게 되는 것입니다.

말씀에서 깨달은 하나님의 진리에 따라 하나님을 바르게 예배할 때, 신자는 자연스럽게 자신의 삶을 말씀에 비추어보게 됩니다. 그리고 자신의 온전하지 못한 모습을 발견하고, 그것에서 돌이켜 하나님께서 기뻐하시는 바를 따르기 위해 애쓰기 시작합니다. 이것이 '오직 그리스도' '오직 은혜' '오직 믿음'으로 자신이 구원받았음을 아는 자에게 주어지는 성화의 삶입니다. 그는 자신의 삶을 항상 하나님과 연관 지어 생각합니다. 이는 신자에게서 거부할 수 없는 사고방식입니다. 이로써 신자는 하나님 앞에서 살고 있음을 계속 의식하게 됩니다.

그뿐 아니라 신자는 말씀을 통해 자신의 존재 목적이 무엇인지 비로소 깨닫게 됩니다. 과거에는 자신의 유익과 만족을 위해 살았지만, 이제는 창조자이며 구원자이신 하나님을 진정으로 기뻐하며, 그분을 영화롭게 하는 삶을 살게 되는 것입니다. 삶의 개혁은 이 같은 근본적인 전환을 포함합니다.

이런 맥락에서 종교개혁자들은 신자에게 주어진 직업이 곧 각자의 소명임을 강조했습니다. 즉 어떤 직업이라도 신자의 삶은 하나님 앞에 있다는 것입니다. 이들의 가르침은 교회의 종교의식이 신앙생활의 전부라고 생각했던 사람들에게 놀라운 삶의 변화를 일으켰습니다. 신자들은 멸망받아 마땅한 자신이 오직 그리스도, 오직 은혜, 오직 믿음으로 구원받았다는 것을 깨닫게 되었습니다. 그리고 교회의 지체로서 말씀으로 양육받고 성도들과 교제하며, 오직 하나님께 참된 감사와 영광을 돌리며 살 수 있게 되었습니다. 이것이 그들에게 일어난 생생한 삶의 전환이었습니다.

오늘날 교회에 이처럼 하나님을 기뻐하고 영화롭게 하는 사람이 얼마나 될까요? 오히려 세상을 즐거워하는 사람이 더 많지는 않을까요? 예배에는 출석하지만 정작 자신이 하나님 앞에 있는 존재임을 모르고, 하나님의 권위에 순복해 그분의 영광을 위해 사는 것을 하찮게 여기는 사람이 많지 않을까요? 오늘날 교회에는 인정받고 높임받지 않으면 섭섭해하고 시험에 들었다며 푸념하는 일이 흔합니다. 그런데 이런 분위기가 보편화되면서 참된 신자의 삶이 무엇인지 의문을 갖게 됩니다.

그러므로 우리는 교리의 개혁에서부터 신자의 존재 목적을 재정립하는 삶의 개혁까지 연결해 개혁해야 합니다. 그렇지 않으면 우리가 외치는 개혁은 부분적이고 일회적인 것에서 끝나고 말 것입니다. 결론적으로 삶의 개혁까지 이어지지 않는다면, 모든 개혁의 외침은 그저 추상적이고 이상적인 이야기로밖에 여겨지지 않을 것입니다.

하나님의 도우심을 구하라

오늘날 교회에 요구되는 개혁의 전반적인 내용을 함께 살펴보았습니다. 아마 '그 많은 것을 어떻게 다 개혁할 수 있는가?' 하며 개혁이 불가능하다고 생각하는 사람도 있을 것입니다. 하지만 개혁은 우리의 힘으로 하는 것이 아닙니다. 개혁의 역사와 중심에는 하나님이 계십니다. 우리가 하나님 편에 서서 교회의 여러 문제를 개혁하려고 할 때, 하나님은 도저히 변할 것 같지 않던 사람들의 마음과 삶을 변화시키시고 교회를 회복시키실 것입니다.

아무리 부정적인 상황과 현실일지라도 개혁이 불가능한 것은 아닙니다. 오늘날같이 다원주의가 보편화된 세상에서도 하나님은 충분히 그 능력을 나타내실 수 있습니다. 오히려 바울의 시대나 종교개혁이 일어나기 전 중세 교회의 상황이 결코 우리보다 나았다고 할 수 없습니다.

1세기 당시 교회에서는 히브리 전통을 고수하는 유대주의자들과 인간의 자유를 우선시하는 헬라주의자들이 각자의 목소리를 내고 있었습니다. 또 로마 제국이 통치하던 당시 사회에서는 성경적 기준 자체가 생소한 것이었습니다. 교회가 복음을 전하며 부딪쳐야 하는 세상은, 다양한 민족이 지닌 문화와 수많은 신을 숭상하는 분위기가 혼잡하게 뒤섞여 있었고, 오늘날 못지않은 도덕적 방종과 성적 타락이 만연했습니다. 하지만 바울은 그러한 세상에 복음을 전했고 교회가 세워졌습니다. 그리고 교회의 다양한 문제를 말씀으로 이끌어 교회가 온전히 서도록 했습니다.

마틴 루터 역시 녹록지 않은 환경에 있었습니다. 그는 개혁을 반대하는 사람들에게 지속적으로 생명의 위협을 받았습니다. 중세 교회의 제도와 조직은 매우 강력했으며, 누가 보더라도 개혁은 도저히 불가능해 보였습니다. 하지만 그는 성경이 말하는 바를 분명하게 선포했으며, 자신을 위협하는 모든 세력의 공격과 음해를 진리로 방어했습니다. 결국 하나님은 루터를 통해 복음과 교회를 회복시키셨습니다. 또 종교개혁으로 당시 유럽 세계에 놀라운 변화가 일어나게 되었습니다.

이 모든 일이 바울이나 루터의 개인적인 능력 때문에 일어난 것은 결코 아닙니다. 그들이 감당한 사역과 개혁의 중심에 하나님이 계셨기 때문에 가능했던 것입니다. 우리는 이 사실을 매우 확고하게 믿고 붙들어야 합니다.

칼빈이 카를 5세에게 보낸 편지에는 다음과 같은 내용이 담겨 있습니다.

> 그러나 쟁점이 무엇이든지 우리는 시작부터 지금까지 한 일을 결코 후회하지 않을 것입니다. 성령님은 신실하시며 우리의 교리에 대한 무오한 증인이십니다. 우리는 우리가 전하는 것이 하나님의 영원한 진리임을 압니다. 참으로 우리는 당연히 우리의 사역이 세상에 유익한 것으로 입증되기를 바랍니다. 그러나 이 일의 효과는 하나님께 속한 것이지 우리가 아닙니다.[67]

칼빈이 말한 것처럼 개혁을 통해 역사하시는 분은 하나님이며, 개혁의 효과 역시 그분께 속해 있습니다. 이 사실을 유념하고 개혁을 시작해야 합니다. 성령의 도우심을 구하면서 지금까지 말한 세 가지 개혁을 각 사역의 현장과 삶의 영역에서 일으켜야 합니다.

만약 이러한 하나님의 일하심을 모르고 개혁을 위해 성령의 도우심도 구하지 않겠다면 개혁에 나서지 마십시오. 다만 개혁이 필요한 현실을 방치했을 때, 자신 역시 교회의 타락과 부패를 방조한 공범자로서 주님 앞에 서게 된다는 것을 기억하십시오. 하나님의 말씀을 통해 개혁의 필요성을 절감했으면서도 끝내 개혁을 외면한다면 하나님의 원하심을 의지적으로 거부하는 것입니다.

우리는 단순한 직업인으로 이 사역에 부르심받지 않았습니다. 우리는 주님의 부르심을 받아 이 세상에 복음을 전하며 사람들을 참 생명으로 이끌고, 하나님께서 일하시도록 하는 일에 도구로 소명을 받았습니다. 사람들을 영원한 생명으로 이끄는 주님의 도구로 부름받은 것이지, 진리로 말미암은 참 생명이 아닌 거짓 생명으로 자신의 생을 부지하기 위해 부름받은 것이 아닙니다.

우리는 개혁이 필요한 현실을 선명하게 직시하고, 타협된 진리로부터 개혁을 시작해 나가야 합니다. 그리고 주님의 도우심을 구하며 교회답지 못한 모든 모습을 하나하나 바꾸어 나가야 합니다. 인간이 중심이 된 예배가 하나님 중심이 되고, 우리의 영광이 아닌 하나님 한 분께만 영광을 돌리도록 해야 합니다. 또 최종적으로는 신자 된 우리 자신을 항상 하나님 앞에 세우며 그분을 즐거워하고, 그분에게만 영광 돌리는 삶의 근본적인 변화로까지 개혁을 이어 나가야 합니다.

우리가 아무리 최선을 다하더라도 개혁 과정에서 분명 여러 문제와 약함이 드러날 것입니다. 누군가는 이를 흠잡고 비아냥거릴지도 모릅니다. 하지만 우리의 중심과 사역을 판단하시는 분은 하나님이십니다. 그러므로 하나님 앞에서 정직하고자 하십시오. 루터나 츠빙글리 같은 종교개혁자들도 수많은 연약함과 문제가 있었지만 결코 개혁을 포기하지 않았습니다. 자신의 문제와 결점 때문에 개혁을 포기하지 마십시오. 오히려 자신을 개혁해야 할 대상의 최상단에 놓고 항상 개혁하고자 하십시오.

또 목회자로서 노출할 수 있는 약점과 문제점에 유의하십시오. 특히 교회에서의 입지와 체면 때문에 자신의 주장을 꺾지 않는다거나 분명한 과오를 인정하지 않는 것은 잘못된 일입니다. 안정된 사역에 만족하고 거기에 안주하려는 마음 역시 경계해야 합니다.

항상 자신을 계속 개혁해야 할 대상으로 생각하십시오. 그때 하나님께서 우리를 도우실 것입니다. 지금 자신의 문제와 결점을 바라보며 낙심하지 말고, 어떻게든 앞서 살펴본 세 가지 내용을 개혁하고자 하십시오. 죄와 문제만 주목하는 우리와 달리, 하나님은 거기서 돌이키는 자를 기꺼이 용서하시고 은혜를 주십니다.

우리의 부족함과 잘못된 것은 고쳐나가면 됩니다. 종교개혁자들도 자신의 죄를 하나님께 고하고 회개하면서 개혁을 감당했습니다. 분명히 확신하는 것은, 말씀으로 돌이키기 위해 개혁을 시작할 때 반드시 하나님께서 함께하시고 도우시리라는 것입니다. 그러므로 우리도 칼빈이 카를 황제에게 편지를 보낼 때 가졌던 확신을 함께 가집시다. 히스기야와 칼빈에게 역사하신 성령 하나님께서 우리에게도 동일하게 역사하실 것입니다. 우리의 사역 현장에서 성경이 말하는 개혁, 곧 진리의 개혁과 교회다움을 회복하기 위한 개혁, 그리고 삶의 개혁이 꼭 일어나기를 간절히 소망합니다.

미주

1 존 암스트롱, 『다가오는 복음주의의 위기』, 김기찬 역(서울: 생명의말씀사, 1998), p.143.

2 같은 곳.

3 이안 머리, 『분열된 복음주의』, 김석원 역(서울: 부흥과개혁사, 2009), p.140.

4 김세윤, 고든 피, 월터 카이저, 더글라스 무, 데니스 홀링거, 데이비드 라센, 『탐욕의 복음을 버려라』, 김형원 역(서울: 새물결플러스, 2011), p.170.

5 어떤 이들은 믿음 운동이 말하는 '믿음'이 성경이 말하는 바와 다르기 때문에 이를 '신념'으로 번역해야 한다고 주장한다. 그 또한 일리가 있지만 일단 이들이 'faith'라는 단어를 사용하고 있기 때문에 여기서는 그대로 '믿음 운동'이라고 부르도록 한다.

6 마이클 호튼, 『미국제 복음주의를 경계하라』, 김재영 역(서울: 나침반사, 1996), pp.252-253.

7 같은 책, pp.254-255.

8 김세윤 외, 『탐욕의 복음을 버려라』, p.171.

9 행크 해네그래프, 『바벨탑에 갇힌 복음』, 김성웅 역(서울: 새물결플러스, 2010), p.189.

10 김세윤 외, 『탐욕의 복음을 버려라』, p.188.

11 게리 길리, 『다른 복음을 전하는 교회들』, 김세민 역(서울: 부흥과개혁사, 2009), p.119.

12 같은 책, p.122.

13 마이클 호튼, 『미국제 복음주의를 경계하라』, p.255.

14 같은 곳.

15 이안 머리, 『분열된 복음주의』, p.32 이하.

16 같은 책, p.21.

17 게리 길리, 『다른 복음을 전하는 교회들』, p.155.

18 같은 책, p.156.

19 제임스 패커, 게리 패럿, 『복음에 뿌리를 내려라』, 조계광 역(서울: 생명의말씀사, 2010), p.160.

20 같은 책, p.162.

21 게리 길리, 『다른 복음을 전하는 교회들』, p.247.

22 마이클 호튼, 『그리스도 없는 기독교』, 김성웅 역(서울: 부흥과개혁사, 2009), p.164.

23 같은 곳.

24 같은 곳.

25 박순용, 『기독교, 세상의 함정에 빠지다』(부흥과개혁사, 2009).

26 게리 길리, 『다른 복음을 전하는 교회들』, p.155.

27 같은 곳.

28 마이클 호튼, 『그리스도 없는 기독교』, p.149.

29 월터 J. 챈트리, 『사라진 복음』, 정득실 역(서울: 엠마오, 1993), p.8.

30 같은 책, pp.12-16.

31 제프리 윌슨, 『진정한 복음』, 정태윤 역(서울: 누가, 2007), p.7.

32 그레엄 골즈워디, 『복음중심 해석학』, 배종열 역(서울: CLC, 2010), p.130.

33 마이클 호튼, 『그리스도 없는 기독교』, p.27.

34 같은 책, p.86.

35 매트 챈들러, 제라드 윌슨, 『완전한 복음』, 장혜영 역(서울: 새물결플러스, 2013), p.16.

36 마이클 호튼, 『그리스도 없는 기독교』, p.199.

37 그레엄 골즈워디, 『복음중심 해석학』, p.379.

38 마이클 호튼, 『그리스도 없는 기독교』, p.145.

39 마틴 로이드 존스, 『복음주의란 무엇인가』, 이길상 역(서울: 복있는사람, 2004), p.22.

40 이안 머레이, "'복음을 위한 동반자 컨퍼런스' 참관기", 「진리의 깃발」 제129권(2014년 10월호): p.70.

41 마틴 로이드 존스, 『타협할 수 없는 진리』, 김효남 역(서울: 지평서원, 2010), p.118.

42 마이클 호튼, 『복음이 이끄는 기독교』, 이용중 역(서울: 부흥과개혁사, 2010), p.139.

43 마틴 로이드 존스, 『타협할 수 없는 진리』, pp.173-174.

44 같은 책, pp.174-176.

45 그레엄 골즈워디, 『복음과 하나님의 계획』, 김영철 역(서울: 성서유니온, 1994), p.111.

46 마이클 호튼, 『그리스도 없는 기독교』, p.170.

47 같은 책, p.142.

48 정이철, 『신사도 운동에 빠진 교회』 (서울: 새물결플러스, 2012). 정이철 목사의 최근 여러 주장에 대해 동의되지 않는 것들이 있으나, 신사도 운동과 관련된 저자의 경험과 신사도에 영향 받은 여러 단체와 대상에 대한 지식 그리고 관련 자료들이 도움이 되기에 여기 인용한다.

49 같은 책, p.363.

50 찰스 콜슨, 『능력종교』, 채이석 역(서울: 엠마오, 1996), p.99.

51 C. Peter Wagner, *Dominion* (Grand Rapids, Michigan: Chosen Books, 2008), pp.25-6. (정이철, 『신사도 운동에 빠진 교회』, p.406 재인용)

52 찰스 콜슨, 『능력종교』, p.104.

53 같은 책, p.111.

54 행크 해너그라프, 『빈야드와 신사도의 가짜 부흥운동』, 이선숙 역(서울: 부흥과개혁사, 2009), pp.18-28.

55 찰스 콜슨, 『능력종교』, pp.165-166.

56 같은 책, p.108.

57 같은 책, pp.113-114.

58 제임스 보이스, 『복음주의의 회복과 고백』, 김기찬 역(서울: 생명의말씀사, 1998), p.51.

59 같은 곳.

60 이상규, 『교양으로 읽는 종교개혁 이야기』 (서울: 영음사, 2017), p.37.

61 같은 책, p.37, 46.

62 이상규, 『교회 개혁과 부흥운동』 (서울: SFC출판부, 2004), p.20.

63 같은 곳.

64 에베소서 4장 1-16절을 보라.

65 제임스 보이스, 『복음주의의 회복과 고백』, p.187.

66 같은 책, p.84.

67 같은 책, pp.97-98.

타협할 수 없는 복음

초판 1쇄 발행 2019년 10월 25일

지은이 박순용

펴낸이 정형철
책임편집 방재경
디자인 투에스

펴낸곳 아가페북스
등록 제321-2011-000197호(2011. 10. 14)
주소 (06698) 서울시 서초구 효령로8길 5 (방배동)
전화 584-4835(본사) 522-5148(편집부)
팩스 586-3078(본사) 586-3088(편집부)
홈페이지 www.iagape.co.kr

ISBN 979-11-89225-20-9 (03230)

서지정보유통지원시스템 홈페이지(http://seoji.nl.go.kr)와
국가자료공동목록시스템(http://www.nl.go.kr/kolisnet)에서
이용하실 수 있습니다.
(CIP제어번호: CIP2019040874)

아가페북스는 (주)아가페출판사의 단행본 전문브랜드입니다.

아가페 출판사